INTRODUCING LOGIC: A GRAPHIC GUIDE by DAN CRYAN,
SHARRON SHATIL & BILL MAYBLIN
Copyright:© 2013 ICON BOOKS LTD
This edition arranged with ICON BOOKS LTD
through BIG APPLE AGENCY, INC.,LABUAN, MALAYSIA.
Simplified Chinese edition copyright:
2019 SDX JOINT PUBLISHING CO. LTD.
All rights reserved

逻辑学

INTRODUCING LOGIC:
A GRAPHIC GUIDE

丹·克莱恩（Dan Cryan） 沙龙·沙提勒 (Sharron Shatil) / 文

比尔·梅布林（Bill Mayblin）/ 图

陈仕伟 / 译 郑伟平 / 审校

Simplified Chinese Copyright © 2019 by SDX Joint Publishing Company.
All Rights Reserved.

本作品中文简体版权由生活·读书·新知三联书店所有。
未经许可,不得翻印。

图书在版编目(CIP)数据

逻辑学/(英)丹·克莱恩(Dan Cryan),(英)沙龙·沙提勒(Sharron Shatil)文;(英)比尔·梅布林(Bill Mayblin)图;陈仕伟译;郑伟平审校. —北京:生活·读书·新知三联书店,2019.9 (2025.5重印)

(图画通识丛书)

ISBN 978-7-108-06519-3

Ⅰ.①逻… Ⅱ.①丹… ②沙… ③比… ④陈… ⑤郑… Ⅲ.①逻辑学 Ⅳ.① B81

中国版本图书馆 CIP 数据核字 (2019) 第 041225 号

责任编辑	樊燕华
装帧设计	张 红
责任校对	张 睿
责任印制	卢 岳
出版发行	生活·讀書·新知 三联书店
	(北京市东城区美术馆东街22号 100010)
网 址	www.sdxjpc.com
图 字	01-2019-1744
经 销	新华书店
印 刷	北京隆昌伟业印刷有限公司
版 次	2019年9月北京第1版
	2025年5月北京第4次印刷
开 本	787毫米×1092毫米 1/32 印张 5.75
字 数	50千字 图171幅
印 数	14,001-17,000册
定 价	32.00元

(印装查询:01064002715;邮购查询:01084010542)

目录

- 001 什么是逻辑？
- 002 研究句子
- 003 对当方阵
- 004 三段论
- 006 联结词逻辑
- 008 莱布尼茨律
- 010 归谬法
- 012 一种"新工具"
- 014 弗雷格的量词
- 016 语境原则
- 017 命题演算
- 018 康托尔的集合论
- 020 联结词的效用
- 021 罗素悖论
- 022 致命的错误
- 023 表面语法的问题
- 024 罗素的系统
- 026 维特根斯坦的逻辑图像
- 028 卡尔纳普和维也纳小组
- 029 宽容原则
- 030 希尔伯特的证明论
- 031 哥德尔的到来
- 032 哥德尔的不完备性定理
- 033 与证明论的联系
- 035 维特根斯坦的逻辑联结词表
- 036 维特根斯坦的真值表
- 037 发现重言式
- 038 数字电子的逻辑门
- 039 售货机
- 040 图灵和"恩尼格玛密码"
- 041 欧几里得的公理方法
- 043 莱布尼茨的证明方法

044 矛盾的滥用	078 芝诺运动悖论
045 联结词的规则	080 无穷总和
046 对语法的敏感	081 极限的收敛
047 谓词演算	082 一"堆"有多少？
048 模型理论语义学	083 对集合的挑战
049 希尔伯特的递归模型	084 消解逻辑
052 无限产出的有限规则	085 模糊词语的虚构性
053 简单的操作指南	086 词语"意味"着什么？
054 证明论和形式语言	087 模糊逻辑
056 塔斯基的真值条件	088 模糊的堆
058 实践中的形式语义	089 逻辑能够避免悖论吗？
059 拍一部肥皂剧	090 非经典逻辑：直觉主义
060 人工智能肥皂剧的逻辑编程语言	091 恶魔论证
	092 直觉主义逻辑
062 图灵的 AI 菜谱	093 直觉主义 vs 归谬法
064 悖论难题	094 直觉主义的流行
066 悖论能够被回避吗？	095 思考一些古老的问题
067 类型理论	096 可能的值
069 塔斯基的撒谎者悖论解决方案	097 作为数字的真值
070 纠缠不休的悖论	098 可能与矛盾律
072 哥德尔的不完备性定理	100 从经典逻辑到模糊逻辑
074 哥德尔定理的影响	101 电子"可能"状态
076 停机问题	102 模糊逻辑搜索引擎
077 哥德尔证明的局限	103 **模糊逻辑机器**

- 104 量子世界中的逻辑
- 105 量子逻辑的分配律
- 106 量子逻辑如何工作
- 107 实验逻辑
- 109 逻辑和科学
- 110 哥白尼革命
- 111 伽利略革命
- 112 演绎法和归纳法
- 114 归纳问题
- 115 休谟之叉
- 116 规则式的演绎
- 118 基于概括的归纳
- 122 规律或者经验预测
- 124 乌鸦悖论
- 126 因果问题
- 127 波普尔对亨普尔的回应
- 128 波普尔的否证理论
- 130 可行理论的概率
- 132 蒯因的"信念之网"
- 134 "网"的替代选择
- 136 不充分的证据
- 138 蒯因的相对主义
- 139 费耶阿本德对科学方法的否定
- 140 戴维森对蒯因的回应
- 141 真理的表征
- 142 硬边真理 vs 相对主义
- 143 认知科学与逻辑
- 144 乔姆斯基的通用语法
- 146 名词和动词的范畴
- 149 语法的递归规则
- 150 X-bar 理论
- 151 逻辑理论
- 152 语法和语义的问题
- 154 复杂的语法结构
- 156 "通用"语法的问题
- 158 符号化的大脑模型
- 160 训练一个神经网络
- 162 模式识别
- 164 理性行为模型
- 165 实践理性
- 166 什么是意识?
- 167 逻辑的地位
- 168 维特根斯坦的观点转变
- 172 延伸阅读
- 176 索引

什么是逻辑?

在交谈中,没有什么比论证更自然的了。我们尝试着让争辩的对手相信我们是对的,相信我们的结论是从他们能够接受的东西中推导出来的。如果我们不能辨别这种推导关系,那么情况就糟了。在交谈中常常有不符合规定的东西冒充为论证。

这显然是糟糕的,因为结论的真与支撑该结论的陈述的真之间没有任何联系。我们所需要的是确保支持性陈述的真能够通过论证得以保留。逻辑其实就是研究**保真的论证**。

研究句子

古希腊哲学家**亚里士多德**（公元前 384—前 322）最先给我们提出了进行有说服力地论证的技术（工具）的思想。这项研究包括了语法、修辞和诠释理论，以及逻辑。亚里士多德做的第一件事就是讨论句子。

> 句子通常分为三类……

1. **单称**：苏格拉底是人。
2. **全称**：每个人都是会死的。
3. **特称**：有些人是会死的。

> 在每类句子中我们都宣称某个东西或某些东西归属于某个特定的类。

我们谈论的对象（例子：名词，诸如苏格拉底、桌子；抽象名词，诸如行走；以及代词，诸如某人、每个人）被亚里士多德称为句子的**主语**。

我们对句子主语的描述（例子：动词，诸如正在吃，落下了；形容词，诸如是困难的；名词，诸如"苏格拉底是人"这种东西中的人）被亚里士多德称为**谓语**。

对当方阵

亚里士多德注意到有些主谓结构的句子的真值会对另一些主谓结构的句子的真值产生影响。

下面的这些句子存在一定的相互联系。我称之为**对当方阵**。

1. 所有人都是会死的。
2. 所有人都不是会死的。
3. 有些人是会死的。
4. 有些人不是会死的。

句子 1 和句子 2 不能同时为真。

对角线上的句子 1 和句子 4 被称为一组**矛盾**。

只要存在人,那么两个句子中必有一真,但是不会全为真——其中一个句子为真保证了另一个句子为假。

对角线上的句子 2 和句子 3 也是如此。

句子 1 和句子 3 可以同时为真。如果句子 1 为真,那么句子 3 一定为真;但是句子 3 为真并不意味着句子 1 一定为真。

句子 2 和句子 4 类似,相同的关系也存在于**"所有人都是会死的"**和**"苏格拉底是会死的"**这两个句子之间。

三段论

通过使用对当方阵，亚里士多德注意到一个神秘的事实。以类似于"苏格拉底是人"这样的句子为例。如果一个论证包含了三个陈述，其中第一个陈述的主语是第二个陈述的谓语（称这两个陈述为**前提**），并且第三个陈述是由前两个陈述中剩下的词项构成（称这个陈述为**结论**），那么结论的真就能够由前提的真得到保证。

> 这个模式我称之为**三段论**。我们可以通过它来看看为什么一个论证是真的而另一个却是假的。

1. 所有人都是会死的。
2. 苏格拉底是人。
3. 苏格拉底是会死的。

有效

1. 这本书的每一页都用黑墨水印刷。
2. 某些册页不是用黑墨水印刷。
3. 这些册页不是这本书里的。

有效

1. 我支持阿森纳。
2. 阿森纳在伦敦。
3. 阿森纳将会赢得冠军。

无效

亚里士多德忘记了那些有着多个谓语的条件陈述，例如：

"如果苏格拉底是人，那么苏格拉底是会死的。"

我们现在有两个理由说明为何"阿森纳在伦敦,因而阿森纳将会赢得冠军"的论证是错误的。第一条理由来自实际言辞。"我支持阿森纳"和"阿森纳在伦敦"这两个事实都不足以保证阿森纳将会赢得冠军。同时也存在着形式原因,即前提一的谓语不是前提二的主语。

球迷A:是的,但这是有效的……

1. 如果我支持阿森纳,那么他们将会赢得冠军。
2. 我的确支持阿森纳,所以……
3. 阿森纳将会赢得冠军。

它仍然是错的。因为有效性仅在前提为真的情况下才可以保证结论为真。而在你的例子中前提为假所以结论也是假的。

那这种形式化对我们还有什么帮助吗?

你会看到的。

联结词逻辑

大约100年以后,**索里的克里西波斯**(公元前280—前206)将逻辑学的注意力从单一的主谓结构陈述引向更为复杂的陈述,例如"苏格拉底是人**并且**芝诺是人"。这是一个重大的成就。人们常说,"如果神使用逻辑,那他们使用的一定是克里西波斯的逻辑"。我们将很快发现,不仅是诸神,对人类而言也是这样,虽然我们用了近千年的时间才领悟这一点。

> 通过"和"、"或"以及"如果……那么……"等类似的词,不同的陈述能够被连接在一起,并且整体的真值完全依赖于各部分的真值。

这些**联结词**的每一个都以独一无二的方式把部分的真值组合成整体的真值。

莱布尼茨律

在接下来的 2000 年时光里，逻辑学家提出了越来越多的三段论，某些三段论甚至包括了两个以上的前提。逻辑学家就像是炼金术士一样，摆弄不同的概念以获得有效的论证。最终，在这阵狂热的浪潮之中，**戈特弗里德·莱布尼茨**（1646—1716）提出了一种重要的方法。

莱布尼茨提出了一种有趣的观点，即像对待代数里的等式那样去对待陈述。等式运用等号（"="）来表示等号两边的内容必定有着相同的数值，

例如，$X^2+Y^2=Z^2$

莱布尼茨将等号引入逻辑学中，用来表示"a"和"b"等同。

如果对于一个事物的所有描述都能用来描述另一个事物，那么两个事物是等同的。

如果你能对两个事物进行完全相同的描述，那么它们就是等同的。

自此之后这条定律被称为莱布尼茨律。他将这一定律分解为两个不可分离的断言，"a 是 b"以及"b 是 a"，他用这两个断言来说明"所有 a 的属性都是 b 的属性"以及"所有 b 的属性都是 a 的属性"。

例如："所有的单身汉都是未婚男人与所有的未婚男人都是单身汉。"

很明显如果 **a** 等同于 **b**，那么我们就能够在任何陈述中用符号"**b**"替换符号"**a**"，同时又保持该陈述的真值不变。例如："苏格拉底是未婚男人，未婚男人等同于一个单身汉，因此苏格拉底是单身汉。"

这条定律很重要，因为它使得我们能够在有限的步骤内判定由可能无限多数量的句子组成的句子集的真值。莱布尼茨有以下四条规则。

1. "**a=a**"

   例如："苏格拉底是苏格拉底。"

2. 如果"**a** 是 **b**"并且"**b** 是 **c**"，那么"**a** 是 **c**"

   例如，"所有人都是会死的，苏格拉底是人，因此苏格拉底会死"。

   说"a 是 b"，等于说所有是 a 的东西都是 b。

所以这有着与我的第一个三段论完全一致的形式。

嗯，但是还有第三步和第四步……

3. "**a**= 非（非 **a**）"

   例如："如果苏格拉底是会死的，那么苏格拉底不是不会死的。"

4. "'**a** 是 **b**'等同于'非 **b** 是非 **a**'"

   例如："苏格拉底是人意味着如果你不是一个人，那么你也不会是苏格拉底。"

通过这些简单的规则，莱布尼茨能够证明每一个可能的三段论。与亚里士多德的对当方阵不同，莱布尼茨提出了第一个真正的真理理论——从预先建立的规则中，通过同义符号（同义词）的相互替代来推导出结论。

归谬法

莱布尼茨所偏爱的论证方法,是一种被逻辑学家和哲学家深爱的极其重要的工具。他称之为**归谬法**。

"归谬"是一个非常简单却又极其强大的工具,在莱布尼茨发明它之后,便得到了广泛的运用。通过例子它将得到更好的阐明。

在归谬法中，我们假定一个陈述为真，然后看看我们能从中推出什么结论。

如果在我们推导结论的过程中发现了矛盾，我们就可以确定最初的陈述是假的，因为矛盾总是假的。

有些人并不喜欢我美妙的新方法，因为它预设了每个句子要么为真要么为假，但同时却又没有给这个预设提供任何支持。

真

假

归谬法的最大优势在于，它使得我们能够辨别一个陈述是否为真，即使我们不知道如何构造对该陈述的证明。我们能够通过表明一个陈述的否定导致矛盾来判定原陈述为真。

一种"新工具"

"我的发明充分运用了理性,除此之外,它还是辩论的仲裁者,是概念的诠释者,是概率的平衡,是能够引导我们穿越经验之海的指南,是事物的清单,是思想的目录,是检视事物的显微镜,是预测遥远事物的望远镜,是普遍演算,是纯真无害的魔法,是并非妄想的阴谋,是一个其全部都将用其自身的语言解读,并将为真正的宗教指引方向的脚本。"

莱布尼茨给汉诺威公爵的信,1679 年

这是一场革命。亚里士多德的旧工具已经死了,取而代之的是我给你们的"**新工具**"。它是一种思考世界和思考逻辑的新方法。

逻辑不再仅仅是一种构造有说服力的论证的工具,更是一个关于思想规则的系统。正因如此,即使上帝的思想也必然是逻辑的,纵使是祂,也无法创造一个以矛盾为真的世界。

莱布尼茨被教廷视为异端，这大概不会太令人惊奇。但是他的关于思维必然规律的想法对西方哲学家，诸如康德、黑格尔、马克思和罗素，都产生了深远的影响。

> 我们都试图解释思想的基本逻辑可能是什么。

罗素

康德

> 然而，我们必须注意到的是，莱布尼茨的系统根本就不是一个**推理法**（工具）。它是起源于思想但同时必然会应用于世界的律法总则或规章。

黑格尔

马克思

弗雷格的量词

哲学百科全书告诉我们,现代逻辑开始于 1879 年,以戈特洛布·弗雷格的《概念文字》(*Begriffsschrift*)的发表为标志。这本书介绍了一种命题演算,它结合了莱布尼茨的证明理论与对于逻辑联结词的解释。这样我们最终实现了克里西波斯的设想。

但是弗雷格的新发明中最重要的却是量词。量词是如下的词汇:"**所有**"、"**有些**"、"**许多**"和"**大多数**"。这些量词使我们能够对成组的对象进行言说,例如:"**有些男人是秃的。**"亚里士多德将它们视为在一个陈述中被谓词修饰的主词,但这样将会引发一些愚蠢的结果,比如这个来自路易斯·卡罗尔的《爱丽丝梦游仙境》(*Alice in Wonderland*)的例子……

> "在路上我没看到人。"("I see nobody on the road.")爱丽丝说。
>
> "我只希望我也有双你这样的眼睛,"国王用烦躁的口吻说道,"能够看到'没人'(Nobody)!并且是在这样的距离!为什么呢,这和我看到真实的人是一样的啊……"

弗雷格试图通过将量词作为在逻辑上独立的实体来回避这一问题。

他运用了两个量词:"**所有**"和"**至少有一个**"。这使得他能够将:

"在路上我没看到人。"

翻译为:

"所有的人,我在路上都不能看到。"

或者:

"并非至少有一个人,我在路上能够看到。"

虽然这不是一个好的解决方案,但它确实能够使我们从逻辑上避免爱丽丝梦游仙境式的愚蠢。

它向我们展示了为何"**在路上我没看到人**"事实上和"**在路上我看到一个邮递员**"有很大不同。

"没人"(Nobody)并不需要指向一个对象。

语境原则

弗雷格提出了"语境原则",该原则认为逻辑能够处理的最小单元是一个主谓陈述,即**命题**。只有在将命题作为一个**整体**的语境中我们才能知道构成命题的词的意义。

以"**我觉得冷**"这个句子为例。这个句子可以被不同的人在不同的时间说出。那些相同的单词"我觉得冷",却能够被用来表达非常不同的命题,这取决于它们在何种语境中被使用。

命题演算

因为弗雷格逻辑的基本单位是命题,所以他的逻辑又以命题演算著称。通过命题演算,我们能够评估使用了联结词的复杂命题的真值。但是,不仅如此,弗雷格还表明联结词自身是与真值相关的。一个使用了"**如果……那么……**"联结词的命题,可能被转化为一个使用其他联结词"并且"和"否"的表达式,同时保证不改变这个复杂陈述的真值。

"如果你是一只鸟,那么你就有翅膀。"……

……这句话可以被重新表述为……

……"你不能够是一只鸟并且没有翅膀"。

弗雷格的逻辑结合了克里西波斯(它允许我们借助于简单句的逻辑联系来进行句子分析),和莱布尼茨(通过替换同义词,用一个陈述来证明另一个陈述的能力)的优点,并且开辟了一种思路——把这些想法加以拓展,使其容纳不同联结词的等值式。但弗雷格初衷是尝试从逻辑中推演出数学。

康托尔的集合论

戈特洛布·弗雷格（1848—1925）生活在一个伟大的数学和科学发明的时代。在这些新颖而迥然不同的数学分支中，模型逐渐兴起。这引起了一种将全部数学建立在一组规则之上的尝试；从这组规则中可以推出每一个陈述。弗雷格认为他的命题演算与这一目的非常契合，只不过它缺少构造出数的工具。缺少这种工具的话，你在构造数学的道路上就寸步难行。弗雷格的量词"所有"和"至少有一个"并不能胜任这项工作。一个显而易见的解决方案来自一个新的数学分支：由弗雷格的同时代人**乔治·康托尔**（1845—1918）所创立发展的集合论。

集合是可想象的最基本的数学存在。

它们基本上是元素的聚合，这些元素并不需要任何共同点。每一个集合都有一个确定的元素的数目，这个数目可以与其他集合的元素的数目进行比较。

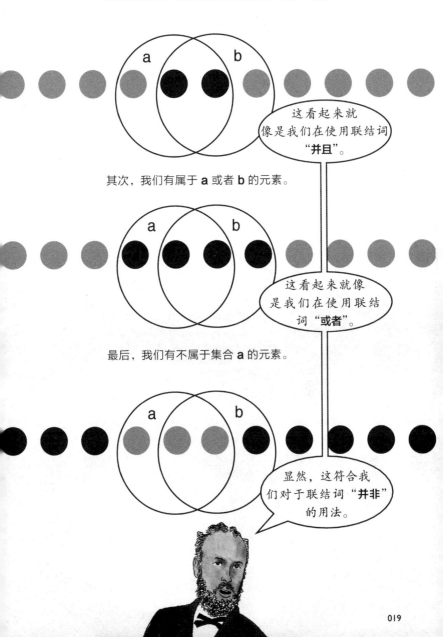

联结词的效用

仅仅使用三个联结词（**并且、或者、并非**）我们就可以表达每一个可能的逻辑命题。比如说，我们说：

"如果 **a** 那么 **b**"

和我们说：

"不可能是 **a** 并且非 **b**" 表达的是同样的意思。

> 如果她亲吻了我，我就会变成王子。

> 不可能出现她亲吻了你同时你却没变成王子的情况。

> 这就是我要说的。

> 我的演算系统可以利用联结词独立工作，而集合使我能够讨论数。所以通过将集合论与我的演算系统相结合，我相信我可以为数学建立一个坚实的基础。

罗素悖论

当弗雷格正准备去发表他为之投入了大量时间的理论时，**伯特兰·罗素**（1872—1970）这个一夜成名的年轻的英国人指出，弗雷格对于集合的使用会导致一个致命的矛盾。

到目前为止，一切看起来没什么问题，但是罗素继续问下去了……

致命的错误

罗素悖论的核心在于如果该集合属于其自身,那么依据定义它就**不能**成为它自身的一个成员。但如果它不属于它自身,它又是它自身的一个成员。这样它就既是它自身的成员,又不是它自身的成员,这便构成了一个矛盾。据说这个刺眼的错误让弗雷格肝肠寸断。

表面语法的问题

尽管如此,罗素还是看到了弗雷格工作中的价值。罗素和他的朋友怀特海一起,致力于将数学建立在集合和逻辑之上。为了避免弗雷格式的矛盾,他们下了很大的功夫。他们用了两卷本的篇幅去试图给出一个针对该矛盾的解决方案!他们希望将 1+1=2 这样的事实置于一些更加自明的基础之上……

> 这项工作给我带来了一个彻底改变哲学的想法!语言自身才是问题所在!句子的表面语法遮蔽了它们真实的逻辑结构。

表面语法(名词、动词和形容词的教学语法)遮蔽了一个句子的真形式。罗素认为只要我们能够将语言用一种完美的逻辑结构进行重构,那么当时许多重要的哲学问题就会迎刃而解。

罗素的系统

罗素将谓词带回了演算系统,同时发展了弗雷格的量词概念。这使得他能够区分"所有"和"有些",同时使得他不必再将存在作为一个谓词进行分析——这曾经造成了一系列的问题。他还通过精确地表述不同量词之间的关系,对亚里士多德的对当方阵予以形式化。

如果我们说"**所有鸟都是有翅膀的**",并且"**不存在一种东西,它既是鸟同时又没有翅膀**",那么我们说了同一件事。量词"**所有**"和"**至少有一个**"是可以互相替换的——其中一个可以通过在适当的地方加上否定符号而被另一个替换。

我的逻辑系统是第一个"全能"的系统,它可以胜任之前所有逻辑系统的工作。

看看下面这个句子:

"当今法国国王是秃子。"

这个句子是真的还是假的?它看上去可能是真的,也可能是假的,还可能既不是真的也不是假的。但是如果它是假的,那就意味着当今法国国王不是秃子吗?当然,如果它既不是真的,也不是假的,那就意味着这个句子根本就没有做出任何断言。它压根就没有言说任何有关这个世界的事情。

罗素认为这个句子实际上是由三个同时成立的主张所构成的……

1. 存在一个当今法国国王

2. 仅仅存在一个当今法国国王

3. 当今法国国王是秃子

这个联合的断言为真仅当所有三个断言均为真。我们知道第一个条件是假的,因此整个联合的断言也是假的。但是这并不会使得相反的断言为真,这个相反的断言可以被分析如下……

1. 存在一个当今法国国王

2. 仅仅存在一个当今法国国王

3. 当今法国国王不是秃子

这一组句子显然也是假的。

维特根斯坦的逻辑图像

罗素统治英语哲学界长达十年之久,直到 1912 年,一个叫**路德维希·维特根斯坦**(1889—1951)的奥地利犹太人放弃了"钱"途无限光明的工程学事业,成了罗素的学生。在第一次世界大战服役期间,维特根斯坦完成了他一生中两部重要作品中的第一部:《逻辑哲学论》。这部著作将哲学设想为对隐藏的逻辑结构的分析,并且对弗雷格和罗素的理论进行了有力的批评。维特根斯坦的主要兴趣一直都在于理解语言、逻辑和世界之间的关系。

如果我们将语言看作世界的**图像**,我们就能做到这一点。

他从报纸上读到,在巴黎法院,车辆模型被用来代表真实车辆在道路交通事故中的实际位置。这给他提供了绝妙的灵感。

为了能够描绘现实,任何图像都必须与现实具有某种共同之处。从根本上讲,共同之处就在于逻辑形式——**现实形式**。对维特根斯坦而言,逻辑是世界和语言所必须共同拥有的东西。语言之所以能够被用来描绘这个世界,正是因为语言与世界有着共同之处,所以正是因为逻辑,我们的语句才从根本上具有了意义。

> 这正是我们的句子之所以处在完美的逻辑顺序中的原因:我们的语句**具有意义**这个事实保证了这一点。

> 没错,这的确不是一根烟斗。但是它**是**一根烟斗的逻辑表征。

一个没有逻辑形式的图像根本没有表征任何事物,就像波洛克或罗斯科的抽象画并不描绘任何现实一样。

"过去人们常说,除了非逻辑的世界之外,上帝可以创造任何东西。但事实是我们说不出一个非逻辑的世界是什么样的。"

(《逻辑哲学论》3.031)

卡尔纳普和维也纳小组

自弗雷格以来,逻辑学的发展便伴随着为数学奠基和解决语言难题的问题。因**卡尔纳普**(1891—1970)的缘故,逻辑的重点主要在科学上。卡尔纳普原本是弗雷格的学生,但受到了维特根斯坦的《逻辑哲学论》的极大影响,他是维也纳小组超级明星中的一个(这个小组由一群哲学家和科学家组成,他们都希望清除那种既非科学可验证,也非逻辑规则的哲学)。"哲学将会被科学逻辑所取代,而科学逻辑就是科学语言的逻辑句法。"(卡尔纳普:《语言的逻辑句法》,1934)

卡尔纳普运用他强大的逻辑技巧,试图发展出一种针对所有可能的形式语言的严密理论。

对于唯一合法的哲学探究形式——**逻辑分析**而言,我将其视为必要的先行步骤。

不幸的是,这种观点对语言形成了一种限制,以至维也纳小组的成员常常发现难以用它来表达自己的观点。

"……我们指定我们中的一人,当任何不合法的句子出现在我们的讨论中时,他都会大叫一声'M'(代表形而上学)。但他叫了太多的'M',以至我们对此感到厌倦,不得不改为让他在我们合法地谈论时叫'非M'。"

宽容原则

卡尔纳普还原所有语言的努力几乎从他开始着手寻求结果时就陷入困境。卡尔纳普写过一部巨著(《世界的逻辑构造》),来捍卫他激进的方法:在更年长些时,正如他在另一部巨著(《语言的逻辑句法》)中所清楚呈现出的那样,他缓和了自己的观点。

卡尔纳普对逻辑史和形式语言最重要的贡献在于引进了"宽容原则",根据这一原则,并不仅仅只有一种逻辑,而是有**许多**逻辑。任何语言表达式都是可接受的,只要存在着充足的规则以支配该表达式的逻辑应用。

希尔伯特的证明论

弗雷格和罗素试图将数学还原为逻辑和集合论的尝试，不过是20世纪早期诸多试图将数学建立在坚实的逻辑基础之上的尝试中的一部分。另一个有名的尝试来自**大卫·希尔伯特**（1862—1943），他开创了一种可称之为"证明论"或**元数学**的逻辑形式。

希尔伯特对不同数学分支之间的共同特征十分感兴趣。每一个数学分支都始于一些公理或被假定为真的陈述，该分支的其他所有陈述都可以通过它们而得到证明。

> 只要公理之间不存在相互矛盾，它们就能够被用来构建一个可能的数学分支。

> 我希望找到一种方法来证明**任意**公理集的一致性。

通过希尔伯特测试的任何数学分支，都被证明是建立在可靠基础之上的。

哥德尔的到来

一般来讲,希尔伯特方法基于这样一个想法,即如果我们能够证明我们无法从其公理中推导出诸如"1=0"这样的数学谬论的话,那么我们就可以毫无疑义地证明诸如几何学理论的一致性。希尔伯特,如他之前的莱布尼茨一样,运用归谬作为他的主要工具。

希尔伯特寻找证明一致性机制的努力所获得的充其量只能算是初步结果,但这些努力却引起了另一位年轻的奥地利人的关注,他就是**库尔特·哥德尔**(1906—1978),他注定将会成为20世纪最伟大的逻辑学家。

> 我在23岁的时候就证明了罗素的谓词演算系统中的命题都为真,同时也证明了每一个为真的命题都在该系统中可被证明。用一点行话来说就是:该系统是"既一致又完备的"。

这个发现标志着一段长达十年的密集发表期的开始,对于逻辑与数学基础的所有后续发展都产生了深远的影响。

哥德尔的不完备性定理

24岁时,哥德尔试图扩展他的结论,使其将算术纳入其中,但却得到一个完全意想不到的结果。他发现任何复杂到足以作为算术的基础的系统都是**不完备的**。这意味着希尔伯特将数学建立在有限数目的公理之上的计划,就算术而言永远不可能达成,更别说比算术更为复杂的系统,比如微积分。

这段时间,哥德尔在维也纳过着异常拮据的生活,工作也没有薪酬。纳粹入侵之后,他的朋友和同事纷纷逃往美国。对政治漠不关心的哥德尔并不情愿离开——直到他被认为"适合"在军队服役,尽管他有严重的抑郁症。就在那个时候他立刻逃走了。

哥德尔别出心裁的证明标志着当代数理逻辑的开端。他的工作成果直到今日仍然深刻影响着逻辑学课程。

> 我最终抵达了普林斯顿大学,在那里我与阿尔伯特·爱因斯坦和奥斯卡·摩根斯坦一起组建了——如果要我自己说的话——美国最棒的数学系。

与证明论的联系

现代逻辑大概可以分为三个相互联系的分支。它们分别为:**数理**逻辑、**符号**逻辑和**哲学**逻辑。

> **数理逻辑**继续执行着将数学和集合论结合在一起的方案。运用数理逻辑,数学家希望通过发现不同数学领域的共同属性来将它们统一起来。

> **符号逻辑**是纯粹的对于符号运用的研究。这些符号不必必然对应任何事物,相反它们是抽象的实体,其相互关系通过定义来表达。

> **哲学逻辑**试图将逻辑应用于现实概念之上,而非纯粹的符号。它处理真实的概念之间的相互关系,例如概率和信念。

将这些逻辑分支连接在一起的共同点是它们对**证明论**的依赖,该理论使我们能够辨别一个陈述是否能由另一个陈述推论得出。

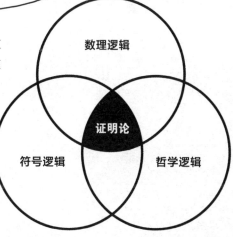

证明论包含了各种各样的方法,用以表明从一个逻辑句子或"公式",即通过逻辑句法联结起来的符号串,我们可以逻辑地推导出什么。通过对一些逻辑句法单位给出严格定义,它实现了这一想法。

> 逻辑句法将会影响一个陈述的真值。所以我用真与假定义了一部分逻辑句法。

> 例如,"天是灰色的 & 天在下雨"中的逻辑联结词"&"是真的,仅当简单句"天是灰色的"与"天在下雨"都是真的。

用真和假来定义逻辑联结词的想法开始在逻辑学家之间大受欢迎,以至于几乎无人想要改变它。

现实是当弗雷格在谈论"&"的真值时,与句子的意义是没有关系的。真正重要的是我们知道句子的真假。句子的内容并不影响该联结词的真值。出于这个原因,弗雷格使用了简单符号,例如 p 和 q,来代表完整句子。这是另一个很快就在逻辑学家之间变得非常流行的想法。

维特根斯坦的逻辑联结词表

维特根斯坦发明了一种方法,将逻辑联结词做成一张简单的表,这样别人就无须再使用弗雷格的冗长的系统了。

假设我们用"p"表示"天是灰的",用"q"表示"天在下雨"。它们中的每一个要么为真,要么为假,因此我们总共得到了四种可能性,它们可以被表示如下:

p	q
真	真
真	假
假	真
假	假

我们可以扩展这张表,用以表示联结词"**&**"是如何在句子"**p&q**"中起作用的。

当"p"为真并且"q"为真的时候,"p&q"也将为真。但当其中一个或两个都为假的时候,这个复合句也不是真的,于是我们得到了这个简单的表……

p	q	p&q
真	真	真
真	假	假
假	真	假
假	假	假

维特根斯坦的真值表

这些想法给了我们两样东西,其中之一主要与逻辑学家有关,另一个则与我们所有人的日常生活有关。逻辑学家运用真值表仅仅是为了表征任何在逻辑上连接在一起的句子串的真值。但就我们的日常生活而言,更重要的也许是这个事实,即这些逻辑联结词构成了现代电子工业的基础。在开始了解任何一种运用之前,我们需要多认识两种逻辑联结词。

> 这两个逻辑联结词可以通过我的真值表方法得到表征。真值表能够被用来定义它们所代表的联结词。

第一个我们需要的联结词是 "∨"(读作**或者**),可以这样来定义它……

p	q	p∨q
真	真	真
真	假	真
假	真	真
假	假	假

当 "p" 或 "q" 为真时,这个联结词为真,仅当 "p" 和 "q" 同时为假时,这个联结词才为假。它大致相当于英语中 "和/或者"。

另一个我们需要的联结词是 "¬"(读作**并非**),它只运用于单个句子。它的真值表看起来是这样的……

p	¬p
真	假
假	真

"¬" 相当于英语中的 "……**并非实际情况**",例如:"克林顿是美国总统并非实际情况。"

发现重言式

逻辑符号可以组合起来使用，它能帮助我们算出某些逻辑复合句子的真值条件。例如，"p ∨ ¬p"，就能够产生下列真值表：

p	¬p	p ∨ ¬p
真	假	真
假	真	真

当一个公式在真值表中只为真（T）的时候，这意味着它在所有情况下都为真。句子"**或者天正在下雨，或者天没在下雨**"不可能为假。逻辑学家称这种句子为**重言式**。

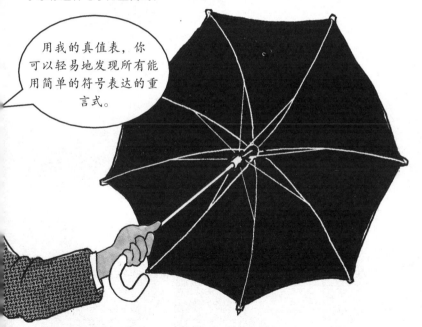

用我的真值表，你可以轻易地发现所有能用简单的符号表达的重言式。

在重言式中，仅仅出于逻辑句法，一个真公式必然地来自另一个真公式。因此我们可以据此推知任何具有相同逻辑句法的句子都将永远为真。这对证明论而言很重要，因为它为我们证明一个逻辑论证必然为真提供了一个坚实的基础。

数字电子的逻辑门

现代生活中,如果没有了数字电子,生活也将面目全非。而数字电子其实无非就是逻辑的一个实例。从微波炉到移动电话,哪里都可以看到数字电子的身影。数字电子依赖于"**逻辑门**"——多数情况是开关——来使电流通过。例如,一个"与门"有两个输入和一个输出,但它只会在两个输入都有电流的情况下才会让电流通过。与门可以像下面这样表示……

输入1	输入2	输出
1	1	1
1	0	0
0	1	0
0	0	0

一个**与门**与逻辑联结词"**&**"有着完全一样的真值表。正如句子的意义对于"**&**"的值的确定而言并不重要,电流的多少对于**与门**的表现同样不重要。基本上所有的数字电子都是由"**与门**"、"**或门**"和"**非门**"构建的,它们相应地对应着逻辑联结词"**&**"、"**∨**"和"**¬**"。它们都是基于逻辑的强有力的工具。

我的真值表仍然是有用的。

正如逻辑公式是由逻辑联结词构成,逻辑门也可以被用来构建诸如售货机和 ATM 机一类的设备。

阿兰·图灵

> 售货机的核心并不复杂,它只是一些与门的组合而已。看看这个简单的图表……

现金柜台是一个简单的用来检查机器里是否有足够的钱的设备。当机器里有足够的钱时,它显示信号"1",其余时间则显示"0"。当输出信号为"0"时,非门将会转换该信号并且打开"投币"灯。如果现金柜台输出"1",那么非门将会关闭"投币"灯,并且每一个与门都会收到一个输入信号"1"。当某个商品被选定,对应的与门的第二个输入信号则变为"1",此时,它将输出信号"1"并给出被选定的产品。

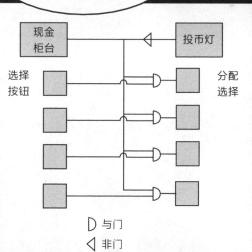

图灵和"恩尼格玛密码"

售货机的反应必然严格遵循购买者的指令。我们还可以将机器的行动看作某个给定公式的证明。这个想法早于逻辑门。它来自**阿兰·图灵**(1912—1954)破译恩尼格玛机器的尝试,这个设计独特的德国加密仪器在"二战"中被认为是不可被破译的。

这种德国仪器的精巧之处在于非常有规律地更改密码。第一行信息告诉机器密码是什么,但是这条信息只能被正确设定的机器解码。

图灵试图破译所有可能的恩尼格玛密码,而非仅仅针对某条特定信息的密码。他寻求制造一种可编程的机器,这种机器可以改变设定,它最终会演变为电脑。但大概花了20年之久,他的想法才在电子形式下得以实现。

从本质上讲,电脑不过是巨大的逻辑"证明"设备。

欧几里得的公理方法

真值表是一种为简单的电子设备建模的好方法。但是对于逻辑研究而言,使用长达 30 行的真值表来证明一个公式的这种前景就不那么乐观了。值得高兴的是,我们有其他的方法。

首先,严肃的现代逻辑最常见的正统的方法是"公理"证明。它的基本想法是我们能够从两个或三个给定为真的简单陈述中推出所有的逻辑重言式。这种想法源于古希腊数学家**欧几里得**(公元前 325—前 265),一位古希腊数学家。

在我著名的《几何原本》中的所有陈述都由**五个简单陈述**推出,我认为它们是最基础的真命题,我称之为**公理**。

欧几里得的系统至今仍在学校中被传授。他建构系统的方法变得越来越重要，因为由它所产生的结果具有惊人的说服力。这是因为公理方法就像"真理泵"那样工作——它们使得真从公理"流向"了被证明的陈述。每一个被证明的陈述的真都由公理的真来保证。

> 我总是选择我能选择的最自明的公理。因为我们越是对公理的真感到确定，我们对从它们推出的陈述的真就越确定。

亚里士多德并不是特别钟情于数学，所以在他死后对西方哲学的千年统治中，欧的方法在数学领域之外难施拳脚。伽利略第一个想到将他的理论运用到物理学，产生了历史性的影响。很快，法国哲学家**勒内·笛卡尔**便追随伽利略的脚步，将他的理论运用到哲学领域，从而开启了启蒙运动。至于随后莱布尼茨将其当作一种逻辑证明方法加以使用，便只是时间问题了。

> 我从欧几里得的系统中发展出了我自己的逻辑，它基于四条公理，这四条公理成为所有后续发展的总则。

莱布尼茨的证明方法

1. 第一条公理是莱布尼茨著名的同一律，"**每一物都等同于它自身**"，还可以表示为"**a=a**"。

   剩下的则是对亚里士多德的一些规则的改写。

2. "**矛盾律**"告诉我们，没有陈述可以同时既为真又为假，还可以表示为"¬（p&¬p）"。

3. "**排中律**"告诉我们，每个陈述要么为真要么为假，还可以表示为"p∨¬p"。

4. 替换律使我们能够用一个表达式替换另一个，同时保持相同的真值条件，还可以表示为"（a是b）并且（b是c），那么a是c"。

> **矛盾律**和**排中律**结合起来看，就可以保证任意能够在逻辑中被形式化的陈述必然只能有一个真值——要么为真，要么为假。

> 接下来我就可以安心无虞地演绎出，当一个陈述不为真时，它就是假的，这个结论几乎是自明的。

> 有了这个结论，以及矛盾永远**不可能为真**这个认识，我们就得到了我的**归谬法**的基础。

> 我们可以拒绝任何导向矛盾的陈述，因为它们为假。

矛盾的滥用

逻辑学家们对矛盾感到担忧,不仅是因为它们总是为假,还因为如果它们是不可避免的话,它们就将破坏一个陈述的真与另一个陈述的真之间的联系。因为根据莱布尼茨式的归谬法,从一个矛盾中我们可以证明任何我们想要的东西。

假设我们有一个形式为"p&￢p"的矛盾,然后我们想证明 q,它可以用来代表任何我们想要的陈述,比如**"大象只喝瓶装水"**。我们唯一需要做的只是将归谬法运用到￢q 上。

首先我们假设￢q。

然后我们引入矛盾 p&￢p。

p&￢p 违背了莱布尼茨第二条公理。在此情形下,归谬法告诉我们要拒斥假设,在这个例子中就是￢q。

所以我们否定假设,得到￢￢q。

又根据第三条公理,如果￢￢q 为真,那么 q 为真。

这是一个奇怪的结果,因为它允许我们去证明任何东西,即使是那些真值不依赖于这个用以推导出它的矛盾式的真值的陈述。

联结词的规则

对公理方法的运用在罗素和怀特海的《数学原理》一书中变得成熟。这本书中的系统相对于将数学建立在集合理论之上的想法而言是一个有力的竞争者。问题在于，书中使用的许多公理太复杂了，有些比他们试图证明的东西，比如 1+1=2，更不自明。尽管如此，书中运用的方法经过改良后，今天仍在使用着，被叫作"自然演绎"。

> 如果我们知道能够在公式中引入或删除一个新联结词的那些条件，我们就能够构造任意逻辑合式公式……

> 每一个联结词的用法都被清晰地描绘出来——就像后来维特根斯坦的真值表所表示的那样。

从提出这种想法到给出一组可以准确告诉我们在什么情况下能够合法引入一个联结词的规则之间，只经历了一个短暂的跨越。每个联结词都有一条引入规则，和一条消除规则。例如，当我们有一个命题 q，并且如果我们能够表明当其为真将会导致矛盾（归谬法），那么我们就能引入"¬"来形成"¬q"。当得到双重否定时，我们就能够消去否定号，因为¬¬p（"天是灰的不是实际情况"不是实际情况）就等于是在说 p（天是灰的）。

对语法的敏感

尽管在命题演算中自然演绎有着诸多优势，它仍然难以说明为什么亚里士多德的第一个三段论是有效的。它就是无法处理下述命题之间的转换，从"**所有人都是会死的**"

和

"**苏格拉底是人**"

推出

"苏格拉底是会死的"。

问题在于命题演算中，所有的句子都被化为简单的符号，"所有人都是会死的"变成了"p"。因为上述推理中的逻辑关系似乎依赖于句子中的实际用词，所以根本无法表现出构成亚里士多德第一个三段论的三个符号之间的逻辑依赖关系。比如说，我们无法从上述推理结构的真值表中获得重言式。

> 正因为这个原因，在我的逻辑中，我把亚里士多德的主词与谓词的区分重新引入为对象和我们对于它们的言说。

> 逻辑符号所反映的不是现实语词，而是句子的**结构**。

这似乎可以看作在论证中让逻辑对于句子语法变得敏感起来。

谓词演算

在罗素的谓词演算系统中，小写字母代表对象：a，b，c……代表有指定名称的对象，x，y，z代表还不明确的对象。大写字母代表谓词。

罗素还使用特殊的符号来代表量词："∀x"代表"**所有**"，"∃x"代表"**至少存在一个**"。其他所有的联结词用法与命题演算系统中一样。有了这样一整套系统，我们就能够解释任何可能的三段论了。

亚里士多德当年这样写……
没人是不死的。
苏格拉底是人。
苏格拉底是会死的。

而我们如今这样写……

∀x¬(Hx & ¬Mx)
Hs
Ms

运用从命题演算拓展而来的引入和消去规则，我们能够证明这个三段论。遗憾的是，我们不能构造真值表以检验谓词演算的公式，因为真值表确实无法描述普遍陈述的真与普遍陈述之下的真之间的关系。

模型理论语义学

虽然真值表不能应用于谓词演算，但是还有其他的办法。这些方法中之最重要者，运用了关于这个世界的非常简单的模型。模型为我们提供了一种方法，以检验谓词演算的陈述的真值，这些陈述是与一组给定的对象和谓词相关的。

模型允许我们为逻辑公式附加意义，并以此研究与一个给定的情境相关联的特定陈述的真值。这被称之为**模型理论语义学**。没有它，我们至多只能表明一个论证是有效的，例如如果 Px，那么 Qx。

有了模型理论语义学，我们就能够发现在哪些模型中"**苏格拉底是人**"是真的了。

这是一个很棒的想法，因为只要模型变得足够大，足够完善，我们就能够将它运用到思想本身。那将对理解人类心灵，以及建造模仿人类心灵的机器，都有巨大的帮助。

但是在我们充分运用这种语义学之前，我们需要一个与之相对应的语法系统。这个语法系统必须要使我们能够从有限的规则中创造出理论上无限数量的句子。

一个人

希尔伯特的递归模型

严格来说,这个工具是在希尔伯特关于数学基础的研究中被创造出来的。希尔伯特对于将数学还原为逻辑的想法没有兴趣,他想要的是一个数学版本的证明论——一种从数学内部证明数学命题的方法。"证明论"这个名称事实上是属于希尔伯特的。

在算术中,只要我们遵守这些规则,那么任何合式公式都能够作为其他合式公式的基础。从 1+1 我们能够得到 1+1+1。

从这个角度来看,算术就像是英语,在其中我们总是可以不断地使用"和"这样的词……

我要出去买东西了,需要帮你带什么东西吗?

噢,你能帮我带一些葡萄吗……

……还有洗碗海绵……

……和一些玉米片……

……和一些漂白剂

这种持续的重复运用被称作**递归**,它对于模型的构建十分重要。递归使我们能够从一些简单的规则和有限的词语中构建出无限数量的句子。

希尔伯特对数学持有一种他称之为**形式主义**的观点。依据该观点，数学谈论的对象无非是符号。这些符号自身是没有意义的——当你知道如何运用它们时你就了解了它们的全部。希尔伯特给出了一些递归规则来解释符号之间可能的相互作用。

最有名的数学实体就是数字。所有的正整数都可以从如下两条简单的规则中建构出来：

"1是一个数字"

和"任何数字加上1都是一个数"。

因为数学家已经知道如何通过零和正整数来构建每一个数，这两条原则，或多或少，就是你需要用来构建任何数字的全部规则。希尔伯特的规则既简单又高效。事实上，它们将数学视为一种由词汇和语法组成的形式语言。这种语法允许你去创造该语言中的句子而又不必理会句子的含义。而词汇就像是有着语法属性的一系列空白的集合：**名字、动词**以及其他。就像我们知道在英语中用一个名字和动词就可以组成一个句子，尽管我们并不需要知道这是谁的名字。

我们来看一个仅由下列词项构成的模型语言……

谓词　　　　**名字**

进化为　　　　智人
　　　　　　　晚期智人
　　　　　　　直立人
　　　　　　　能人

和如下简单的语法规则：

1. 句子 =
名字，谓词，名字

2. 句子 =
句子，"引导词"，谓词，名字

第一条规则告诉我们如何通过"**名字，谓词，名字**"序列来构造一个合式公式。

例如："**直立人进化为智人。**"

第二条规则告诉我们如何通过已有句子加上"**关系代词 which，谓词，名字**"序列来构造一个新的合式公式。

例如："**直立人进化为智人，智人（关系代词 which 指称）进化为能人。**"

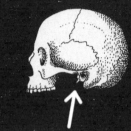
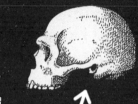
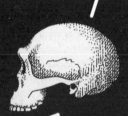
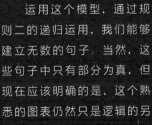

运用这个模型，通过规则二的递归运用，我们能够建立无数的句子。当然，这些句子中只有部分为真，但现在应该明确的是，这个熟悉的图表仍然只是逻辑的另一种应用。

无限产出的有限规则

美国哲学家**唐纳德·戴维森**（1917—2003）曾经提议我们可以将这种想法运用到英语以及其他任何自然语言中，通过语义模型来填平鸿沟。

"我们必须解释句子的意义是如何依赖于语词的意义的。除非这种解释能够应用于某种特定语言，否则无法解释我们能够学习语言这个事实，即无法解释在掌握了有限的词汇和有限的明确规则的情况下，我们有可能产生和理解潜在的无限多的句子。"（《真理和意义》，1966）

类似于英语的语言是潜在的无限多的，如果我们不断地运用像"和"这样的语词的话。

对于语词"和"的每一种可能用法而言，支配它的规则要么是有限的，要么是无限的。如果规则是无限的，那么我们就无法学习它们。

我们必须能够递归地使用规则，以保证创造潜在的无限多数目的句子。戴维森总结到，英语，或者任何其他我们真实使用的语言，都能够被描述成为一种巨大的模型。这样一来，将形式语言运用到自然语言的做法就获得了一种哲学上的正式认可。

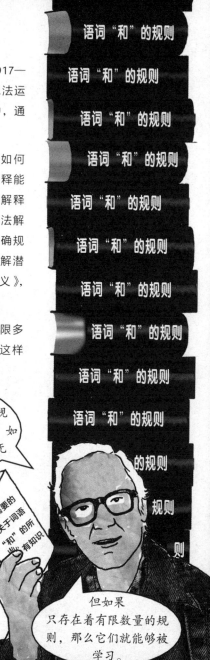

语词"和"的规则

你所需要的关于词语"和"的所有知识

但如果只存在着有限数量的规则，那么它们就能够被学习。

简单的操作指南

如果戴维森是正确的,那么语言就有点像是乐高玩具。它由必须被正确组合的方块(词语)构成。如何将一块方块和另一块方块连接起来的操作指南,能够指导我们拼出任何想要的乐高模型。

戴维森真正感兴趣的是每一个独立词语的意义是如何带来整个句子的意义的。例如,这个句子……

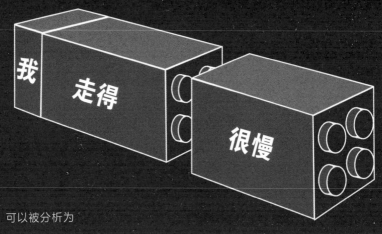

可以被分析为

"存在一个事件,事件为我走路,并且,这个事件发生得很慢"

(∃x)(Wx&Sx)。

这里分析的是一个英语陈述,它由包含了主词和谓词的两个简单陈述的合取构成。

戴维森的解释有两个主要的好处。首先,它巧妙地符合了他的可学习性条件。其次,这种对语言的解释最大程度上保留了我们对于自然语言的直观把握。例如,"我正在走路"能从"我正在很慢地走路"中推导出来,因为在证明论中,"Wx"可以从"Wx&Sx"中推出。

戴维森用了十年多的时间致力于将语言的不同部分分析为这个类型的逻辑形式。

证明论和形式语言

戴维森鼓励我们将所有的形容词、副词和介词想象为连接在一起的谓词。这与罗素对这些语言词项的分析是相反的。

我说"我和一位朋友去滑雪了"是单一谓词,它所言说的是两个主词。类似于"和……滑雪"这样的谓词只有在有两个主词时才有意义。

但是罗素老兄,你怎么解释一个事实,即"我和一位朋友去滑雪了"蕴含着"我去滑雪了"?

我没办法解释,因为在证明论中,没有办法去解释从**二元谓词**到**一元谓词**的蕴含关系。证明论缺乏相应的语义功能。

从根本上讲,戴维森是试图将英语理解为一种形式语言。为做到这一点,他需要一种方法来判定在何种条件下英语中的句子为真。

戴维森采取了一种形式语言中的关于真的解释,这种解释是由他在伯克利大学的同事,**阿尔弗雷德·塔斯基**(1902—1983)发明的。塔斯基在**形式**语言与用来**言说**形式语言的语言(元语言)之间做出了区分。

塔斯基的真值条件

塔斯基为我们提供了一组条件,依据这组条件,我们可以判定所研究的形式语言中的句子何时为真。结果是惊人的简单。

S为真,当且仅当,p。

谓词"为真"在形式语言中从来没有被恰当地运用过,它实际上是对形式语言中的句子**进行了言说**。

在塔斯基图式中,"S"是形式语言中的一个句子,而"p"则是S在元语言中的对应翻译。如果元语言是英语,并且形式语言包含英语句子,我们就能够说"'**雪是白的**'当且仅当,雪是白的"。

或许塔斯基的图式被用来表明外语的真值条件时才不会显得微不足道:"**La neige est blanche**"为真当且仅当雪是白的。这看起来像是我们可以用这种方法来获得这个法语句子的意义。

元语言

雪是白的，当且仅当，雪是白的

戴维森认为，我们对于英语的理解，可以通过理解基于塔斯基图式的一系列句子而得到解释。

拥有这样一系列句子，便是我们对于我们的自然语言的理解进行解释所需要的全部东西，因为如果我们知道一个句子为真的条件，我们便理解了如何使用该句子。

因此在戴维森看来，即使某些东西，如"雪是白的，当且仅当，雪是白的"是很肤浅的，但这些东西却是从事意义理论研究的全部要求。当这与戴维森的尝试——他试图弄清楚句子的真值条件是如何依赖于其各部分的真值条件——结合起来时，弄清英语中每个可能句子的真值条件的基础便打好了。

实践中的形式语义

形式语义学的重大实践优势在于，它使得我们能够建造对应某种形式化语言的机器——所有的电脑都是这样的机器。

任何计算机语言都是由词汇与规则组成的，它们描述了如何在该语言中构造出合式陈述。所有用这种语言写就的程序都包含了这样的合式陈述。

但是形式语义学不仅仅应用于电脑。当代粒子物理学就是由量子理论提供模型，在形式语言内部完成的。通常我们甚至不清楚在模型之内运用的词项——例如光子和电子——在模型之外意味着什么。电子从未被真正观察到过：它们的属性定义了它们是什么，并且构成了它们在科学家的模型中的**形式同一性**。模型中粒子之间的相互作用可被视为控制它们行为的**句法规则**。物理学家们的成就恰恰表明了，他们的模型符合了实验结果。

拍一部肥皂剧

我们能够通过建立形式语言来为几乎所有事物构造模型。这里就有一个用来构建典型的肥皂剧情节的模型:

谓词	主角	联结词
死了	比里—安妮	和
有暧昧关系	爱斯梅拉达	或者
破产	朱徕卡	因为
	胡安	
爱	约翰—鲍勃	
恨	埃里克	
和……有暧昧关系	德维恩	

注意那些与一个主角有关的谓词和两个主角有关的谓词间的区别,诸如"有暧昧关系"和"和……有暧昧关系"。它们需要不同的组合规则。联结词不需要像在谓词演算中那样显得那么的"逻辑",但是它们在语言中的表现仍然必须得到严格的限定。所有可能的合式公式都产生于下列规则……

1. 对于一元谓词:

   句子 = 名字,谓词

2. 对于二元谓词:

   句子 = 名字,谓词,名字

3. 对于联结词:

   句子 = 简单句子,联结词,简单句子

通过这些规则我们能够得到无限数量的句子:**"胡安破产了"**,**"比里—安妮爱埃里克"**,**"约翰—鲍勃死了,因为爱斯梅拉达和朱徕卡有暧昧关系"**……

人工智能肥皂剧的逻辑编程语言

虽然所有的电脑语言都是形式语言,但是某些语言相较于其他语言,格外明显地彰显了它们的真实本性。在多数电脑语言中,词汇和语法都是预先设定的;但是类似于 **Prolog** 的语言却允许电脑去开发它自己的程序。

动机来自我的一个想法,即机器能够拥有学习、自我纠错和交流的技能。

这构成了大多数人工智能(AI)开发工作的基础。

有了 Prolog,这种想法就很容易实现。电脑被赋予一种模型,这种模型类似于肥皂剧语言,但同时又更复杂。词汇表是由电脑使用的词语和它执行的指令构成的。接下来电脑就能够基于这个词汇表建立特定的任务。电脑还能识别词汇表未涵盖的词汇,并且要求获取它们。

Prolog 的词汇表由"事实"组成，它们是一些由谓词和变元名字构成的陈述，例如：

"登上月球（尼尔·阿姆斯特朗）"

和

"登上月球（布茨·阿德林）"。

一系列规则被添加进来，用于给出结构，以及将一个事实与另一个事实相联系，因此……

"第一个登上月球的人是尼尔·阿姆斯特朗。"

变成了

"第一个登上月球的人(x):− x= 尼尔·阿姆斯特朗"。

最后的元素以问题的形式呈现，根据这些问题，机器被设定了某些任务，因此**"？第一个登上月球的人"**

将会收到答案……

类似 PROLOG 的语言，包含着我认为创造一部与我们同样聪明的机器所需的全部东西。

尼尔·阿姆斯特朗

图灵的 AI 菜谱

要制造一台智能机器，我们需要……

1. 一个词汇表丰富到足以表征整个真实世界的模型。

2. 这个模型随后将被用于构建一幅世界图景。你会发现少许的自我学习在这里是有用的。

3. 现在我们需要将输入和输出装置合在一起。输入装置应当由和我们自身的感官相类似的装置组成。输出装置则由与我们之前创造的世界图景相适应的行为反应机制组成。

如果伪装得当，这台智能机器将和你的隔壁邻居一模一样。

通过类似形式语言的方式,图灵不仅能够证明了机器是可骗程的,也为建造第一台数字计算机铺平了道路。正是图灵发现了真空管可以以电子方式进行信息储存。在此之前,他的所有机器都是机械的。真空管的引入见证了齿轮被电子取代。今天,晶体管已经取代了真空管,但原理保持不变。

图灵在 1954 年自杀,可能是迫于英国法律系统的野蛮待遇。尽管图灵对战争胜利做出了巨大贡献,并且为计算机和 AI 后续发展提供了灵感,但是在 1952 年,他却因为"严重猥亵"——简单说就是同性恋,而受到审判。

为避免牢狱之灾,我认了罪。但是作为获得假释的条件,我被强迫注射雌激素——一种化学阉割的方式。

悖论难题

与大多数逻辑理论一样，证明论初看起来枯燥而晦涩。作为一种逻辑证明方法，它在实践方面的应用常常显得非常有限。但它构成了我们大部分科学、数学和电脑科技的骨架。证明论的优点之一在于，当它每次被应用于一串特殊的符号时，它总能保证得出一个单一的可重复的结果，这个优点对于大多数的科学实验的益处不必多说。然而，如果所讨论的这一串符号包含了矛盾的话，那么这种方法的有效性就遭到了破坏，因为从矛盾中可以推导出**任何东西**。

当罗素在我的逻辑系统中发现了一个悖论的时候，它使得所有人，包括我，不再接受该系统。他所发现的悖论是一个深嵌于该系统之中的无法避免的矛盾。

弗雷格从此成为那些努力避免悖论的逻辑学家的典范。

一个悖论是指一个蕴含了其自身的否定的陈述。这简直是逻辑学家的噩梦，因为不管我们假定这个句子为真或为假，我们总能得到一个矛盾。这使得坚持矛盾律（没有句子能够同时既为真又为假）举步维艰。"Paradox"一词最初源自希腊，和好的推理有关。古希腊的怀疑论者试图表明推理并不能导向绝对的知识——悖论正是他们主要的武器。这些"哲学无赖"中最声名狼藉的恐怕就是**芝诺**（公元前495—前430）了。

可能最著名的希腊悖论就是所谓的"撒谎者悖论"了，它最简单的形式看起来是这样的……

这个句子是假的。

这里的问题在于，如果该句子为真，那么它为假；但是如果它为假，那么它又必须为真。即便我们假设它要么为真，要么为假，它仍然导向了矛盾。这就是所谓的最声名狼藉的**自指**悖论家族。它们被称为"自指"是因为这些句子言说自身。

悖论能够被回避吗?

悖论给莱布尼茨、弗雷格和罗素的逻辑系统都带来了严重的问题。这些系统在非常简单的设定下都产生了悖论。逻辑学家尝试了许多种不同的方法来避免撒谎者悖论,但是没有一个能够令人十分信服。

有人尝试通过在逻辑系统中禁止所有的自指句子来避免撒谎悖论。但是这种方法有两个问题:

1.
有些自指句是完全无害的,例如:"**这个句子包含五个单词。**"

2.
我们能够构造一个悖论,它表现得就像一个非自指的撒谎者悖论一样……

她的标志是假的

他的标志是真的

这个和传统的撒谎者悖论一样。如果他的标志是真的,那么她的标志就是假的,反过来也是一样。

类型理论

罗素用来反对弗雷格的悖论,大体上就是用集合论语言对原来的撒谎者悖论进行了重构。罗素让我们考虑一个集合,这个集合由所有不是其自身的元素的集合构成。他随后提出的问题是,这个集合本身是不是它自身的一个元素?这导向了一个熟悉的模式:如果它是它自身的一个元素,那么它就不是它自身的一个元素;如果它不是它自身的一个元素,那么它又是它自身的一个元素。罗素想出了一个非常复杂的逻辑系统来解决这一问题。

我的大部分逻辑工作都致力于发展这个装置,我称之为"**类型理论**"。

我们应当比较不同**类型**的集合……

以对象为元素的集合,以集合为元素的集合,以此类推。我们能够无限地构造出以集合的集合为元素的集合,诸如此类。

以同样的方式,我们能够使用言说对象的谓词,我们也能够使用言说谓词的谓词,例如:"变得漂亮是危险的。"

罗素的理论认为，如果我们能够禁止类型之间的交叉，那么他的悖论就得到了解决——导致问题的集合是一个由集合组成的集合，因此与构成这个集合的集合具有不同的**类型**。这个悖论没有被顺利解决，是因为它涉及了类型交叉。

遗憾的是，当这个解决方案被运用于撒谎者悖论的时候，结果表明这个潜在无穷的解决方案不是充分的。当罗素试图分析"**这个句子是假的**"时，他发现它包含了两个句子……

1 这是一个句子

2 这是假的

第一个是说一个对象，它是一个句子……

……第二个是说这个句子，它是假的。

罗素认为"**这是真的**"是一个谓词，说明了一个句子——即一个谓词和它的对象——的某些属性。

> 简单类型论的问题在于撒谎者悖论包含了具有不同类型的两个谓词。它处理不了这种情况。

> 我确实找到了一个解决这个问题的方法，但是只能以让我的系统变得更加笨拙作为代价。

威拉德·冯·奥曼·蒯因
(1908—20

> 罗素的新系统阻止了太多的类型交叉，以至使用该系统来证明集合论的基础命题都变得不可能了。

塔斯基的撒谎者悖论解决方案

塔斯基认为他对于"被研究"的语言和"元语言"的区分能够简洁地解决撒谎者悖论,因为"是真的"和"是假的"都是元语言中的谓词。

当撒谎者说"这个句子是假的",他是误用了谓词"假的"。他将它当成了对象语言中的一部分。但事实上它只能被运用于**元语言**之中。

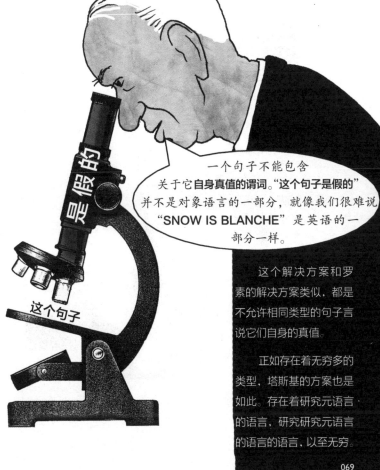

一个句子不能包含关于它**自身真值**的谓词。"这个句子是假的"并不是对象语言的一部分,就像我们很难说"SNOW IS BLANCHE"是英语的一部分一样。

这个解决方案和罗素的解决方案类似,都是不允许相同类型的句子言说它们自身的真值。

正如存在着无穷多的类型,塔斯基的方案也是如此。存在着研究元语言的语言,研究研究元语言的语言的语言,以至无穷。

纠缠不休的悖论

正如同撒谎者悖论成为罗素的一个难题,类似于"下个句子是假的。上个句子是真的"的悖论也成为塔斯基的难题。这个句子似乎既属于元语言,又属于元语言的元语言。

"下个句子是假的"是在讨论一个句子,所以至少它是属于元语言的。

"上个句子是真的"应当是讨论的对象,但是它言说的是元语言的一个句子。简言之,它似乎同时属于两种语言。

撒谎者悖论仍然是最难解决的悖论之一。它持续地折磨着哲学家和逻辑学家,不断激发着新的解决方法。它的奇特之处在于你在不同的场景、不同的时间都能看到它的身影。

你知道什么是"**逆逻辑词**"吗?

它们是并非它们所言说之物的词语。例如,"**长的**"不是长的,"**大的**"不是大的,诸如此类。

"逆逻辑的"这个词是不是逆逻辑的呢?

如果它不是逆逻辑的,那么它是它所言说之物;但这样的话它就等于说它是逆逻辑的。

那么如果它是逆逻辑的呢?

那么它不是它所言说之物;但这样的话它就等于说它不是逆逻辑的。

所以它既是又不是它自己所言说之物——你可能会说这是一个悖论。

逆逻辑的

哥德尔的不完备性定理

当代影响最深远的自指悖论莫过于哥德尔的第二不完备性定理。当它在 1931 年首次发表时,很少有人能够看懂它。这并不意味着它背后的想法有多么的难。它的结果对科学、数学和哲学产生了巨大的影响。

哥德尔想出了一个天才的想法,那就是给逻辑陈述和数学陈述进行数字编码。他给罗素的逻辑系统中的每一个符号赋予一个数字,然后将这些数字放进一个数学公式,这样逻辑中每一串可能的逻辑符号都会产生一个独特的数字。

当我跟随希尔伯特从事研究工作的时候,我协助他进行了他的那个找寻算数一致性证明的计划,用的是他的递归方法。令我感到惊讶的是,在研究的早期,我发现这样的证明不可能被找到。

在哥德尔的系统中,我们可以做如下翻译……

P	v	¬	P
112	2	1	112

这使得哥德尔能够对于这个公式给出一个独特的数字。

> 通过这一方法,我表明存在一个特殊的数字,它对应着罗素的整个系统中的一个公式,这个公式说的是:"**这个公式是不可证明的。**"

当我们得到这个公式时,我们可以有两种处理的方式。第一,我们可以假设这个句子是真的——即我们得到了一个在罗素的逻辑系统中为真但却不能被证明的陈述。这意味着罗素的逻辑系统是**不完备的**。另一种选择是,如果这个句子为假,那意味着它是可证明的——但是这导致了一个假命题在罗素的逻辑系统中能够被证明,所以它是**不一致的**。

哥德尔定理的影响

这些建议没一个让罗素或希尔伯特特别感兴趣,他们想建立一个能够得出所有的,且仅为真的数学句子的系统。现在他们面对的事实是,这个目标原则上是无法实现的。

我已经表明,根据希尔伯特方案,数学的基础分支可以通过一个公理集而加以形式化。但是我的定理的结论也适用于它们。因此要么基础算术是不完全的,要么它是不一致的——要么一个真算式是不可证的,要么一个假算式是可证的。

算术

哥德尔定理能够被普遍化,以适用于任何足够复杂的形式语言,只要该语言中不同句子间存在着某种"顺序"。哥德尔随后证明数学在本质上是不完的,即不存在一列公理能够用来解释所有的算数真理。这个结论,即存在着不可证的真的数学句子,对于任何致力于为数学找寻稳固基础的人而言,都是极为令人不安的。

哥德尔终结了一个19世纪的梦想——从一组简单且严格的公理中推导出全部数学。逻辑不再有希望成为数学基础。

对于数学家的日常实践而言，这也不全是坏消息。只要他们能够证明他们的系统是一致的，即使付出的代价是不完备的，他们还是能够继续得出到目前为止的大部分数学句子。

虽然我的计划被摧毁了，但是我的**方法**仍然被用来形式化和公理化新的数学分支。我自己设计了一个数学系统来解决量子微粒中的奇异的领域，现在被他们称之为**希尔伯特空间**。

停机问题

当运用于计算时,哥德尔的定理向我们展示了一些非常相似的东西。通过使用哥德尔的编码系统,每一个形式数学证明都能够被转化为一个相对简单的数学运算。所以对每一个公式而言,都存在一个与之相对应的特殊的数字。这意味着如果存在一个公式不能够被证明,那么相应地就有一个数字不能够被计算。

> 计算机是模拟数字计算的机器。基本上正是因为我的编码技术,使得它们能够在形式逻辑的框架内运行程序。

> 通过使用一个简洁的数学技巧,我证明了我的理想计算机不能运算大部分的数,因为存在的无理数,例如 π,要多于存在的有理数,例如 7。

这意味着哥德尔的不完备性定理可以应用于计算机。那些不可计算的数字某种意义上对应着那些永远不会产生结果的程序。哥德尔的不完备性定理意味着不可能存在一个程序,它能够在有限的步骤内判定某个程序是可以产生结果还是会停机。这就是后人所指的"停机问题"。如果存在这样的程序,那就相当于存在一个系统,在这个系统中你可以保持一致地计算所有的数字,但这是不可能的。

哥德尔证明的局限

尽管哥德尔证明有着广泛的应用,但是仍然存在着哥德尔证明所无法处理的一些东西。我们并不能完全保证说希尔伯特的方法就是不能够用来证明算数的一致性和完全性,我们只是说这样的证明无法在算数系统中被**表征**。的确如此,但是今天仍然没有人知道这样的一个证明应当是什么样的,更别说如何去构建一个这样的证明。

这不能被用来表明,如同有人试图做的那样,神秘的直觉必定将取代令人信服的证明。它也没有证明人类推理存在着固有局限,因为无人知晓人类的推理是否遵循希尔伯特规则。

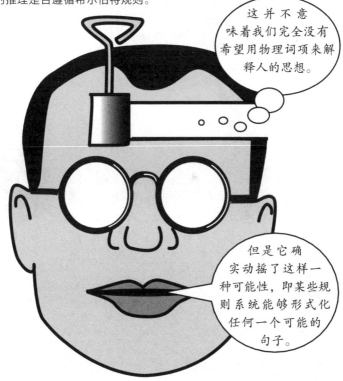

哥德尔的不完全性定理甚至使这个问题被编入了本科生一年级的伦理学课程。

芝诺运动悖论

最有名的非自指悖论同样是由爱利亚的芝诺发明的。芝诺试图证明运动是不可能的。每当我们看到某个东西在动,其实都不过是我们的感官在欺骗我们。芝诺对于这个奇怪论断的主要论证是要表明,如果运动是存在的,它将导致矛盾。

我们的传奇英雄阿喀琉斯跑得多快都无法追上那只乌龟,因为如果想要追上乌龟,他就必须首先跑过他和乌龟之间**一半**的距离。

接着他又必须跑过剩下距离的一半;接着又是剩下的距离的一半……一直到无穷的一半。

他将花费无穷尽的时间去追上乌龟。

芝诺可能会声称从真的前提得到了他的结论。谁会否认想从 A 到达 B 你必须先跑过一半的距离呢？但是我们的感官又告诉我们，我们总是在不断地到达和经过某些地方。因此芝诺得出结论说我们的感官欺骗了我们。芝诺的悖论能够被运用于任何类型的运动。

> 因为一支箭如果想正中靶心，它首先就要飞过离靶心一半远的距离，然后接着又是剩下的距离的一半，不断如此，直到无穷尽……

> 结果就是，尽管一支箭矢一直在逼近它的目标，但是它却永远无法真正到达那儿。

所以圣塞巴斯蒂安一定是被吓死的！

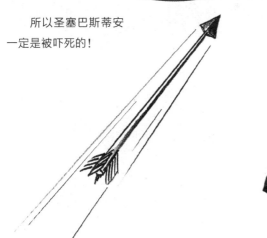

无穷总和

芝诺悖论依赖于牛顿和莱布尼茨之前的所有数学家都持有的一个预设。他们预设任何无穷数量的正整数的总和都是无穷的。这是一个非常容易做出的假设。

> 如果我们将从 A 到 B 的距离看作是 1。

> 我断信你必须先走过一半的路程。

> 再说剩下的路程也得先走一半。

> 接着又是一半……

结果是我们有了一个由 1/2+1/4+1/8……构成的无穷和,根据芝诺的假设,这个无穷和必然是无穷的。因此我们将永远不可能从 A 到达 B!

极限的收敛

牛顿和莱布尼茨几乎同时发现正整数之和往往**不是**无穷的。某些无穷计算具有在极限收敛的属性。这就是说，随着每个后续的添加，我们越来越接近一个特定的数字。给定无限数量的计算，我们可以最终到达该数

这是吻合的，也就是说恰好用了从 A 到 B 的时间从 A 走到了 B……我们的感觉得救了

一"堆"有多少？

另一个有名的非自指悖论是**连锁悖论**，或称**堆垛悖论**。它备受斯多葛派喜爱，他们用它来表明推理的无用。它依赖于一个事实，那就是我们语言中的某些词汇，比如说"堆"，是模糊的。在特定的例子中，并不存在严格的规则来限定何时它们能够被正确地使用。

这里有一堆沙子。

如果我取走一粒沙子，它还是一堆沙子吗？

是的，单独一粒沙子又能造成多大的区别？

如果我再取走另一粒沙子，它还是一堆沙子吗？

当然；好的，那再来……

我们现在只剩下一粒沙子了，它还是一堆沙子吗？恐怕很难说是了吧。但是每一步我都只移走了一粒单独的沙子，而且你也同意它并不重要。

连锁悖论基于这样一个事实，即不存在确定一堆沙子的沙粒数量的规则。它是一个真正的悖论，因为随着每一步我们都同意为真的逻辑步骤，我们最终被引向了一个矛盾，即单独一粒沙子既是一堆沙子，又不是一堆沙子。

对集合的挑战

连锁悖论不仅仅适用于沙堆的例子。它几乎能够被运用于所有你能对之做出微小改变的事物。最近哲学家彼得·昂格尔发表了一篇论文《我不存在》(I do not exit)。在这篇论文中他以自己为对象构造了一个连锁悖论,每次取走一个细胞。连锁悖论和形式逻辑无关,因为形式逻辑中重要的是纯粹的符号的运用。但一旦我们试图对那些符号赋予意义的话,这个悖论就变得非常重要,因为许多日常词语,例如**一些**、**许多**、**大**、**小**等,以及颜色和声音,都可以用来产生一个连锁悖论。

> 哲学家对将集合和逻辑结合起来以分析语言的策略感到非常兴奋。一个共同的想法是,我们语言中的谓词对应着集合。所以谓词"是一堆"对应着所有堆垛组成的集合。

> 连锁悖论告诉我们的是,某物是不是一个堆垛,这一直是有问题的。

> 如果我们没有一个解决的办法,那么整个尝试就会变得非常有问题。

消解逻辑

连锁悖论除了威胁到我们使用集合分析我们语言的谓词的努力之外,还引发对于使用命题演算和谓词演算描绘世界的可能性的怀疑。

> 同一律（a=a）和矛盾律 ¬(p&¬p) 是我们逻辑系统中的两大基础定理。连锁悖论对它们都构成了挑战。

它挑战了同一律,是因为它似乎会得出某物既是一堆又不是一堆的结果。出于同样的原因,它也挑战了矛盾律。不出所料,许多当代哲学家和逻辑学家对这一结果感到不安。

模糊词语的虚构性

曾有许多可能的解决方案被提出来。它们大致分为三类。一些人认为，问题的症结在于将模糊的概念应用于世界。另一些人认为模糊性只是表象。少数人认为最好的办法是摆脱命题逻辑和谓词逻辑的约束。弗雷格认为在逻辑论证中不应该有模糊的术语。对于弗雷格来说，逻辑关乎科学的精确性，而模糊语词只能作为日常交流的有用虚构而已。

奥德修斯是智慧的

派崔克·史都华是秃子

> 我们都理解"奥德修斯是智慧的"和"派崔克·史都华是秃子"这两句话。但是正如同不存在奥德修斯一样，同样不存在秃的属性。

> 在我的精确的语言中，我们必须将无承载的名称取消，同样地我们还必须将不能准确赋予对象属性的谓词放在一边。

彼得·昂格尔等于在暗示一个事实，即类似于"人民"这样的语词也只是这种有用的虚构而已。

词语"意味"着什么?

另一些当代的学者倾向于否定模糊性,或者说声称模糊性之所以存在是因为知识的缺乏。例如,他们会主张某个特定数目的沙粒构成了一个堆垛,但我们可能不知道这个数目是多少。对于某物是一个堆垛或不是一个堆垛,他们相信存在着一个真正的事实。

因此那些好的古老的逻辑规律事实上是适合于这个世界的。问题仅仅在于我们用来言说这个世界的词语和概念。

对连锁悖论的解决方案意味着我们实际上并不清楚我们的词语意味着什么,因为我们都认同,知道一个词的意义,意味着知道如何正确地使用该词。但是这种解决方案却明白地否认了我们拥有这一类知识。

模糊逻辑

因为这些解决方案没有一个是确凿无误的,有的学者不得不硬着头皮接受这个悖论的结果。他们放弃了那个古老的要求,即陈述具有两种可能真值中的一种:真或假。现在我们能够把句子看作"非常真"、"相当真"、"合理为假"、"完全为假"等等。因此,一整个逻辑族群被创造出来了,它被称为"模糊逻辑"。

这种模糊逻辑有着额外的优势:它使我们将注意力放在比较真值上。让我们看看下面这些形状……

我们似乎有理由觉得说这个椭圆形"它是圆的",比说那个矩形是圆的更合适,尽管事实上两个形状都不是真正的圆形。

对于某些模糊逻辑,真可能被视为一个连续的幅度:

100%					0%
完全真	非常真	相当真	相当假	非常假	完全假

模糊的堆

求助于模糊逻辑并非一种悖论解决方案,而是对悖论的臣服。但即使我们接受模糊逻辑,这也并不意味着我们能够完全免受连锁悖论的困扰。模糊逻辑中的真理连续体正好适用于连锁悖论的一个版本。

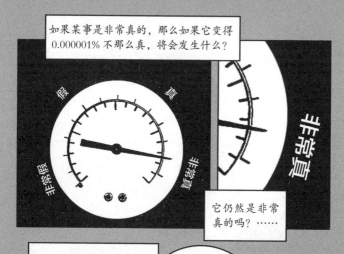

如果某事是非常真的,那么如果它变得0.000001%不那么真,将会发生什么?

它仍然是非常真的吗?……

我们能够说某论证是有效的,仅当它保持完全真或者它能够保持相同程度的真。

另一个迫在眉睫的问题是,如何用模糊逻辑解释有效性。我们应当怎样辨别一个陈述是从另一个陈述推导出来的呢?

第一个建议把我们带回到我们开始的地方。我们能有效地推断出某事是真的仅当它从一个**完全**真实的陈述推导得来。同时第二个选项意味着我们是否可以知道我们的陈述为真是不清楚的,所以我们永远难以做出有效的推断。简而言之,连锁悖论依然警醒着那些想要解决此类问题的人们。

逻辑能够避免悖论吗?

逻辑史上存在着许多悖论。这常常被视为两个阵营之间的一场斗争——一方是系统建造者,一方是悖论的作者。多数情形下,系统建造者在努力寻求精确的方法来分析我们的概念。为了做到这一点,他们尝试着运用逻辑,用一种清晰和精确的方式得到所有的真陈述。与之相反的是,一个好的悖论将会通过质疑我们区分或者得出真假陈述的能力,或者为我们的概念提供清晰定义的能力,来挑战逻辑做到这一点的能力。

今天的各种逻辑系统,尽管它们在技术层面充满天才的设想,但它们仍如同古希腊逻辑一样受到悖论的困扰。

因为尽管谓词演算自身免受悖论的困扰,但一旦我们试图用它来回答关于这个世界的问题,我们就会发现自己立即陷入了麻烦。

考虑到谓词演算的这些局限性,一些逻辑学家试图抛弃它并发展新的逻辑系统就只是时间问题了。模糊逻辑只是这些"非经典"逻辑中的一种。

非经典逻辑：直觉主义

现在被称为"经典逻辑"的第一批替代方案之一来自于 **L.E.J. 布劳威尔**（1881—1966）。他反对弗雷格和罗素将数学还原为逻辑的方案。他认为数学建立在我们对那些基本的数学对象（例如数和线）是什么的直觉之上。因此他的观点被称之为"**直觉主义**"。

> 我致力于表明数学证明和逻辑证明的工作原理是不一样的。特别是我证明了在某些数学例子里排中律是失效的；也就是说，¬¬p 在数学中并不总是和 p 一样。

恶魔论证

布劳威尔主要关注无限集合和序列。例如,所有正数的集合,包含无理数(例如 π 和 $\sqrt{2}$)的数列。布劳威尔的论证可以像如下表述……

我在**逻辑**上能够向你证明,数列 666 必然会出现在如 π 这样的无理数的展开式中。因为说它不在那儿,就等于是说对 π 所有的数字而言,数列 666 都不会出现在它们中间。但这永远无法在数学上得到证明。即使你在世界上所有的纸张上都写满 π 的数字,仍然存在你未能检查到的无限多数字。

π = 3.141596873987637

> 如果 π 的全部数字中没有数列 666 这一点是不成立的,那么根据排中律,π 中的某处将出现该数列这一点是成立的。

> 恶魔的论证是不能够被允许的,因此我得出结论,排中律并不适用于数学中的无限集合和序列。

直觉主义逻辑

虽然布劳威尔是想表明某些数学证明和逻辑证明不太一样,但值得注意的是,他的证明同样能够用来表明数学的某些分支是根据一种不同的逻辑进行工作的。一些人甚至发明了这样一种逻辑并且尝试着表明它事实上是所有数学的逻辑。他们称之为"直觉逻辑"。

直觉逻辑的重点在于,除非有一个清楚的方法能够用来判定p是否为真,否则直觉逻辑不会包括¬¬p=p这条规则。

这使得我们能够将这个规则运用于有限集合的例子中,但是却不能在无限集合和序列的例子中运用。

直觉主义 vs 归谬法

直觉主义一个重要的特点是莱布尼茨的归谬法并不适用于它。在归谬法中，我们是通过假设一个数学命题的否命题进而得到矛盾来证明原命题为真。但是从"它的否定为假"到"它为真"的转换，依赖的是排中律。归谬法没有给予我们一个基于某个数学分支的公理构造数学句子的方法，就像数学所设想地那样工作。

在没有给我们关于该句子的正确证明的情况下，你就想要说明，因为它的否定为假，所以它一定为真。这种说法依赖的是在我的逻辑中并不存在的排中律$\neg\neg p = p$。

问题是许多基础的数学陈述——每个人都想接受的数学陈述——只能通过我的**归谬法**得到证明。

排中律

直觉主义的流行

这个问题在 20 世纪 30 年代引发了一场新的数学风潮，即用直觉逻辑去为一些经常使用的数学句子给出证明。许多这样的证明被找到了。数学系和哲学系诞生了，新的学术分支也建立起来。甚至希尔伯特的形式方法，尽管一直作为直觉逻辑的对手而存在，也被改造为使用唯一经过检验的直觉主义程序。

直到最后，哥德尔开始对这个问题感兴趣了。

> 运用希尔伯特的方法，我证明了经典的形式算数是一致的仅当相对应的直觉主义的算数是一致的。

> 因此，既然一致性是数学系统的测定标准，那么直觉主义的方案和经典的方案就没有什么很大的不同。

自此之后，对这一争论的关注渐渐平息，但是其中核心的想法——我们需要对一个陈述为真给出一个构建性的证明——仍然在当代逻辑学家、数学家、科学家以及哲学家群体中拥有不少拥趸。

思考一些古老的问题

大约在同一时间,一位名叫**扬·卢卡西维奇**(1897—1956)的波兰数学家发表于1920年的一个观点激发起人们的兴趣。这一观点在发表后的十年间,都没有引起多少来自波兰以外的回应。卢卡西维奇思考了逻辑学上一些古老的问题,人们知道从亚里士多德到罗素的逻辑中都存在着这些问题。

> 我注意到逻辑并不能很好地处理诸如"可能"和"必然"等词汇,以及关于未来的陈述。

> 说到底,我们应当如何决定**"千年之后大本钟上将会下雪"**这样的句子的真值呢?

可能的值

卢卡西维奇希望能有一个逻辑系统能够容纳和处理这些语言要素。为了做到这一点,他设计了一种拥有三个真值的逻辑:假,真,以及他所构想的一个真值"可能"。任何陈述在卢卡西维奇的逻辑中都能够拥有第三个真值,当然也能够为真或者为假。

> 因为引入了第三个真值,我必须重新设定所有的逻辑联结词的规则。例如,当 p 为真并且 q 为**可能**时,p&q 的值是什么?

真
p

可能
q

假

作为数字的真值

为了解决这个问题，很自然地会想到将真值设想为数字。真和假也经常被表示为 1 和 0。

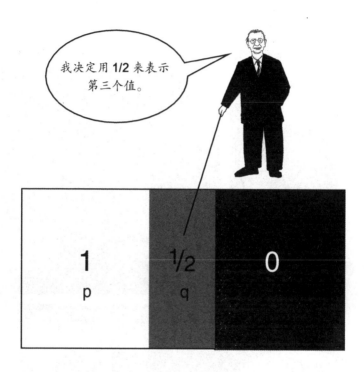

运用数字，p&q 的真值就是 p 和 q 的真值中最小的那个。

例如，如果 p 的值为 1，q 的值为 1/2，那么 p&q 的值就也是 1/2。

类似地，p∨q 的值是 p 和 q 的值中最大的那个，因此如果 p 是 0，q 是 1/2，那么 p∨q 的值就是 1/2。

¬p 的值是 1 减去 p 的值，即如果 p 的值是可能（1/2），那么它的否定仍然是可能。

可能与矛盾律

卢卡西维奇的逻辑导致的结果就是排中律和矛盾律都失效了。说要么 p 为真要么 ¬p 为真是错的,因为 p 还可以是"可能"。因为相同的原因,说 p 和 ¬p 不能拥有相同的真值也是错的。

尽管事实上经典逻辑的两个基本规则不适用于卢卡西维奇的逻辑，但他的逻辑是完全一致的，可以像罗素的逻辑那样使用。当那些精通逻辑学的人意识到卢卡西维奇的发明时，这一发明很快就显现出其逻辑联结词的定义可以应用于创建具有从三个到无穷多数目的真值的逻辑。

例如，如果你想建立一个拥有七个真值的逻辑，你需要做的只是给每一个真值赋予一个数值 1/6，你将会得到以下真值……

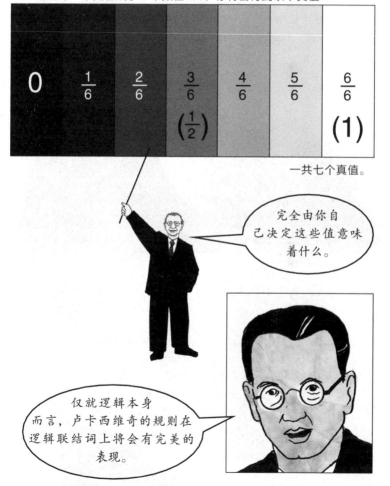

一共七个真值。

完全由你自己决定这些值意味着什么。

仅就逻辑本身而言，卢卡西维奇的规则在逻辑联结词上将会有完美的表现。

从经典逻辑到模糊逻辑

布劳威尔和卢卡西维奇开创了逻辑的新时代。自此以后逻辑学飞速发展。现在我们有许多不同地方不同人群感兴趣的逻辑系统。运用代数工具,逻辑被分析为最为简单的部分,随后又被组合起来以满足不同的趣味和时尚。从亚里士多德到20世纪30年代,逻辑学上发生的所有事情都可以放在单一的系列里——**经典逻辑**。

> 卢卡西维奇开创了"多值逻辑",它在最近获得了一个更时髦的名字"**模糊逻辑**"。

> 虽然卢卡西维奇最初的想法,即使用他的逻辑来处理"**可能**"一词,并没有流行开来,但是模糊逻辑的许多其他应用后来不断被发现。

电子"可能"状态

模糊逻辑的一个重要应用是在电子机械领域。回想一下许多电子设备工作的原理。它们都是典型的运用**是/否**或者**开/关**的转换装置,其模型建立在传统的**真假**二值的命题演算之上。但是还有一些机器可能会用到多于两个可能状态的开关。

这个键盘的按键都只是简单的**开/关**转换器,如果我按其中一个,一个声音就会发出。

另一个键盘则好得多,它的按键都有多于两个的可能状态。它们所发出的声音是变化的,我越用力按则声音越大,像一个真的钢琴一样。

当机器使用多于两个可能状态的开关时,它们就能够运用模糊逻辑来建立模型,就像更简单的机器能够运用命题演算建立模型一样方便。

模糊逻辑搜索引擎

另一个关于模糊逻辑的重要运用是在 AI 领域。假设我们需要一个智能的信息检索系统,比如说一个改进的网页搜索引擎。这个引擎越是能够从你输入的关键词中识别出你想找寻的内容,则它就越好。

如果我们在我们的搜索引擎中采用经典命题演算,那么所得到的网页要么匹配于你输入到引擎的检索词,要么不匹配。每一个微小的拼写变动都会被视为不匹配。

You searched for: Leonardo da Vinci

RESULTS:
Leonardo da Vinci
LEONARDO DA VINCI
da Vinci, Leonardo, Artist
Leonardo, Renaissance Master
The works of Leonardo da Vinci
Leonardo DiCaprio, actor
Leonard Cohen
Da Vinci's Drawings
The Mona Lisa, Leonardo's masterpiece
The helicopter, da Vinci's ideas
The inventions of the Renaissance –
Leo

然而,如果我们使用模糊逻辑,引擎就能够找到在不同程度上符合你所给出的关键词的网页,从而带给你更多你需要的信息。

模糊逻辑机器

通常情况下，当应用到模式识别，而不是搜索彼此百分之百匹配的事物时，模糊逻辑比起经典逻辑更好用。运用模糊逻辑，我们能够得到可以辨认何时一事物类似于另一事物的机器。这项重要技能在AI领域有着许多应用，比如词语识别、对象识别等等。

在模式识别领域，**神经网络**是比普通电脑表现更好的一种设备。普通电脑实际上是一种经典逻辑机器，而神经网络事实上是模糊逻辑机器。

关于"神经网络"的有关讨论在第 159 — 163 页。

量子世界中的逻辑

20世纪逻辑和代数的结合催生了许多其他奇怪的逻辑系统，它们在科学和科技领域都有着重要的运用。

在20世纪20年代，我曾开发了一套奇特的数学工具，用来表示量子力学中诸如电子的粒子的物理行为。量子世界是一个非常奇怪的世界，因而它需要一个同样奇怪的数学模型来描述它。

当时代数和逻辑是如此紧密地联系在一起，以至于如果我们得到一个量子力学的代数公式，那么我们也能得到一个逻辑公式。

几十年之后，数学界为特别设计的"**希尔伯特空间**"找到了一个代数公式。

量子逻辑的分配律

量子逻辑出现在 20 世纪 60 年代。其基本想法是,量子宇宙——科学家至今仍觉得很难理解和描述的一个世界——是按照其自身的逻辑运行的。正如哲学家**希拉里·普特南**(1926—2016)所说,量子逻辑非常不同于从人类的语言和推理得来的经典逻辑。

在量子逻辑中,对任何句子而言都存在着两个可能的真值,正如在经典逻辑中一样。经典逻辑和量子逻辑主要的不同在于**分配律**,而不是诸如排中律或矛盾律的任何逻辑基本定律。

逻辑中的分配律表述如下:

$$p\&(q v r) = (p\&q)v(p\&r)$$

量子逻辑如何工作

经典逻辑的分配律如下运作……

请给我一块巧克力蛋糕。

我们的巧克力蛋糕要么配樱桃，要么配杏仁。

你是说你们有樱桃巧克力蛋糕，或者杏仁巧克力蛋糕？

在量子逻辑中这个简单的规则并不起作用。

烘焙师将仍然做出巧克力蛋糕，要么配樱桃要么配杏仁，但是当你去确认时，你却可能发现既不是樱桃蛋糕也不是杏仁蛋糕。

感到困惑了？现在你知道为什么物理学家要对量子逻辑这么上心了。

实验逻辑

量子逻辑的发明使得普特南做出断言,关于哪一种逻辑适用于世界的问题,是一个经验问题,并且只能通过实验得到解答。普特南声称,量子力学发现了亚原子世界依照着一个与我们熟悉的日常世界完全不同的逻辑而运行。在那段时间里,普特南不得不重新做了些思考。

> 我开始意识到如果想要能够阅读一个实验的结果并且弄清楚它支持什么逻辑,我们一定已经**开始了**某种推理。因此并不是所有的逻辑都是从观察得来的。

经典逻辑

模糊逻辑

> 我仍然相信,在这个世界中存在着一些事实,它们决定了在每种情况下何种逻辑是适用的,并且相信没有一种逻辑是优于另一种逻辑的。

量子逻辑

量子逻辑也许并没有摧毁我们对于人类推理的信心的整体基础,但是它的确有一些运用几乎将我们带向了科幻小说的领域。

1 真　0 假

今天的科学家在把单个原子用作数字字节方面已经获得了一些成就。它们能够存在为两种状态之一,而且把这些状态表示为 **1** 和 **0**,或者**真**和**假**,并不会造成什么问题。当然,这是基于最小化、速度和效率的最终图景。

如果我们运用单个原子来计算如今我们理解世界的方式,那么我们就是在运用微型量子计算机。对于这些计算机的运作而言,作为它的最佳模型的逻辑便是量子逻辑。虽然这种技术还处在发展期,但不久之后,许多极其复杂的运算可能都将通过量子逻辑的奇怪法则而实现。

逻辑和科学

如果逻辑的用处只在于论证以及作为数学的基础，那么它就是一个作用非常有限的工具。然而，整个当代科学都充斥着逻辑和数学工具的运用。弗雷格的逻辑事实上是为了建立一种严格的科学语言而设计的。但是逻辑与科学之间产生联系要远早于弗雷格的时代。

我没有过多地思考数学，所以我的科学并没有过多地依赖于精确的计算和试验。我得出的结论是，天体做圆周运动是出于它们对上帝的爱。

不幸的是，试图运用这个观点来预测行星的运动，被证实是非常困难的。终于，在公元2世纪，托勒密开始给亚里士多德的系统添加更多的圆周来解释天体的运行。

哥白尼革命

托勒密的修补在一段时间内起到了作用，但火星继续在它预定的轨道外运行。这个问题直到 15 世纪中期哥白尼革命之前都是通过不断增加更多数量的圆周来解决。哥白尼表明，如果说地球围绕着太阳旋转，那么关于行星运动的预测就简单了。

教会已经支持了亚里士多德的理论。我的建议冒犯了教皇的绝对正确。

哥白尼的异见启发了像伽利略和开普勒这样的人。伽利略认为，争议应该通过实验来解决。经过一番聪明的演绎推理，他得出结论，如果地球绕太阳旋转，则它会影响摆的运动。而实验结果正是如此。

伽利略革命

伽利略坚持认为,自然现象必须经过仔细观察和严格测量才能被认识。我们不应该轻信过去的权威,而应当基于量化观察。对他来说,"数学是自然的语言"。伽利略使柏拉图的观点复活了,即自然是由数字法则支配的。

> 我通过对实验中展现出来的数学规律进行总结,发现了我的运动律。

> 他的结果构成了最早的牛顿力学的开端。

> 教会迫使伽利略收回了他的理论,并将其终身监禁。但是科学革命的呐喊已经响彻云霄,直至今日。很快,亚里士多德主义的理论世界就自己崩塌了。

演绎法和归纳法

伽利略的方法经由哲学家**弗朗西斯·培根**（1561—1626）和勒内·笛卡尔的发展而成为科学的方法论。

在科学中，我们首先进行实验，然后我们通过对实验结果的概括来得到自然律。

一旦我们得到这些自然律，我们就能够通过对它们进行演绎来预测什么应当发生。接下来我们能够再进行实验来看预测是否准确。

归纳问题

在演绎中,结论的真是从前提的真推导出来的。在归纳中我们却并不能这么说。两只乌鸦是黑色的这个事实,与日本有一只白乌鸦那个事实,是不相冲突的。但是那个普遍的原则"所有乌鸦都是黑色的"却和白乌鸦的存在不一致。

因此支持性陈述的成立并没有在逻辑上保证了结论的成立。

对于在科学中运用归纳法去得到一个确定结果而言,这个发现对其提出了挑战。

休谟之叉

虽然我们能够运用归纳法取得一定的成功,但是它的运用的确存在一定的问题。我们对于归纳法的使用是不合理的这个观念要归于苏格兰哲学家**大卫·休谟**(1711—1776)。

证明归纳法

> 为给归纳做辩护,我们不得不在两种方案中做出选择。第一种方案是使用演绎,但是归纳的真并不能从逻辑公理中演绎出来。

这就是著名的休谟之叉。

演绎路径　归纳路径

使用演绎法　**使用归纳法**

此路不通

> 我们也不能使用归纳,因为那意味着我们对归纳的辩护自身是循环的,这种辩护无法保证我们对归纳的使用是正确的。

规则式的演绎

休谟认为归纳推理是关于人类的一个**心理学事实**。一旦我们被烫伤过,我们就会从此避免将手放进火里。我们通过经验进行"推理"。

这正是问题所在。运用归纳看起来是非常合情合理的。

但是我们对它的使用却得不到**辩护**。

诸多为我们使用归纳法提供基础的努力,没有获得完全决定性的证明。随着维也纳小组的兴起,科学就是真正的归纳这个观点受到严重质疑。

相反,"规则式演绎"这个观点脱颖而出。

这个观点是,科学提出普遍规律,从中能够演绎出特定结果。

我们不认为预测与解释需要不同的方法论——一个是归纳,一个是演绎,我们使用演绎去做所有的工作。我们看到一个现象,随后提出一条规律,这条规律可以在因果上解释该现象。接着我们演绎出这条规律的其他推论,并且寻求经验证实或证伪。

规则模型开始于哲学家**约翰·斯图尔特·密尔**（1806—1873）。他认为科学是逻辑的一个分支，并且归纳推理不是别的，正是经验概括。相比于其他的备选结论而言，随着这些概括在经验上得到更多的确证，我们对于它们的信心也随之增加。但是我们从未完全确定这些结论就是对的。所有归纳推理的共同点就是，我们相信自然之中的所有事物一定有着一个起因或条件。这种起因在因果上充分且必要地造成了事物的存在。通过对于观察进行概括，我们能够发现这两种类型的条件。

一个必要条件必然随着它导致的结果而被发现……

例如，云对于雨而言是必要的。我们能够通过尝试寻找有雨而没有云的例子来阐明这一点。如果我们找不到相应的例子，这就说明我们的想法是对的。

一个充分条件是不能离开它的结果而存在的——就像火和热。我们能找到一个情形有火却没有热吗？

基于概括的归纳

科学家的工作就像是化学家从某种物质中提取精华一样。通过对归纳、演绎以及排除法的谨慎使用,科学家最终保留了少量对任何现象来说都充分且必要的条件。实验做得越多,科学家就越能确定找到了某个结果的正确原因。

归纳环路

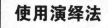
演绎路径

使用演绎法

我认为数学和逻辑本身不过是一种经验的普遍化结果,是通过一种我们非常确定的方法得到的。

所有我们认识到的事物都是通过归纳得到的。因此,休谟之叉是不成立的,因为归纳与演绎是殊途同归的。

休谟声称我们无法使用演绎来为归纳进行辩护。但是密尔认为演绎本身之所以有效,正是因为我们从经验中归纳得到了普遍化规律。休谟不能够用演绎推理来消解归纳,是因为这种演绎推理本身正建立在归纳之上。

对伽利略而言,数学是自然的语言,它能够最终发现自然的数学规律。密尔却认为数学是另一种形式的普遍化。他的想法是,科学将走向更一般的规则,这些规则使得预测更准确。

牛顿力学是一项伟大的成就,因为它仅用了四条简单的规则就预测了所有的运动和力。

从这四条规则,我能够得到在我之前所有伟大的规律——例如伽利略的运动律和开普勒关于行星运动的解释。

密尔关于数学和逻辑的见解相当独特而具有原创性。密尔认为,在我们看来类似于 1+1=2 以及 ¬(p & ¬p) 这样的数学和逻辑陈述具有确定性,是因为我们对于它们拥有大量的经验实证。在很长时间里,哲学家们都试图解释数学与逻辑的所谓必然真理。密尔则认为没有什么需要解释的。这些并不是什么特别的陈述,不过是得到更广泛证实的陈述。

之前这样打都成功了。

规律或者经验预测

哲学家从未对密尔关于数学和逻辑的经验辩护感到完全信服。问题在于数学陈述——例如（2+2=4）——更像是**规律**，而不是**预测**，例如我把两个苹果和两个苹果放在一起，我将得到四个苹果。

> 怎么看都更像是他偷了其中的一个苹果！

数学规律并不预测未来事件，而是规范我们把什么东西当作合理的。每当我们发现一个似乎看起来歪曲了数学规律的案例，我们总是寻找另一个合理说明。不存在某种情况，我们会对之屈服，并且同意数学规律在某些情况下是错误的。

同样很难理解的是，一些现代观念如**虚数和多于三维的几何**是如何从经验中通过概括得来的，因为我们从未在现实世界中发现过这些东西。

乌鸦悖论

维也纳小组的**卡尔·亨普尔**（1902—1997）改进了演绎规则法。他将科学描述为寻找基于**因果律**的普遍规律的工作，这种因果规律可以并只能解释所有经验中观察到的现象。但他很快发现这种模型存在着问题。

如果我们有着一条形如"所有 F 是 G"（**所有人都是会死的**）的普遍规则，并且一条形如 **Fa**（**苏格拉底是人**）的陈述，那么我们可以得到结论 **Ga**（**苏格拉底是会死的**）。

这种形式的规律在逻辑上等同于所有非 G 都不是 F（**所有不会死的都不是人**）。

如果说发现一个会死的人是对该规律的证实，那么发现一个不是人的存在同时它还不会死，则也是对该规律的证实。基于这个发现，亨普尔提出了一个称为"乌鸦悖论"的问题……

听我说,所有乌鸦都是黑色的!这里是证明……

1.
所有乌鸦都是黑色的,这意味着任何不是黑色的东西都不是乌鸦。

2.
现在看看我的鞋。它们不是黑色的,并且它们也不是乌鸦。

3.
因此,它们证实了所有乌鸦都是黑色的这条规律。

  这不是一个逻辑的问题,但却是一个由逻辑提出的问题。

  我们能够通过检查世界上所有并非黑色且并非是乌鸦的东西,在理论上证明所有乌鸦都是黑色的。但是作为一种科学方法,它显然不会奏效,因为它使用一双白鞋确证所有乌鸦都是黑色的这条规律,在效果上和使用一只黑乌鸦来确证是一样的。问题在于不相关性:即使我们已经知道所有的网球鞋都是白色的,我们也很难想象这和乌鸦的颜色有什么关系。

因果问题

亨普尔规则式解释（原文 nomological account）中的另一个问题是，它很难在原因和结果之间做出区分。例如，观察到晴雨表的特定读数与下雨天气之间的联系，这可能同等地确证了雨的出现"导致了"晴雨表的特定读数这个观点，或者晴雨表的特定读数"导致了"下雨这个观点。

一个好的科学方法一定要解释原因与结果的先后次序，因为没有人会真的相信晴雨表导致了下雨。

在这里我们得到的是两个观察结果的合取：晴雨表的读数和天正在下雨这个事实，它们都同样地确证了下列论证……

根据亨普尔的方法，两种解释都可能是自然律。

1. 每次晴雨表显示正在下雨，就真的正在下雨。
2. 晴雨表显示正在下雨。
3. 因此，正在下雨。

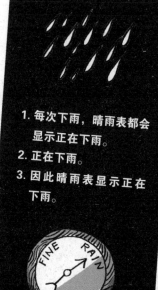

1. 每次下雨，晴雨表都会显示正在下雨。
2. 正在下雨。
3. 因此晴雨表显示正在下雨。

波普尔对亨普尔的回应

因果观念不足以挽救规则模型。今天几乎没有人相信规则演绎。通过单一的观察来证实特定的规律的证实方法早已经被抛弃了。卡尔·波普尔提出了一个替代的建议。

> 从逻辑的角度来说,当我们说"如果 F 是一条自然律,那么 G 将会发生",等于是在说"如果 G 不发生,那么 F 不是一条自然律"。但是考虑到我们证实它们的能力,这两种说法之间还是存在着重要的差异。

> 第一种表述要求我们去检查所有的 G。在它要求我们去检查所有已发生和将发生的事物时,这种表述就显得尤为不切合实际。

> 但如果在相关条件下 G 没有发生,这种单一案例就足以使我们相信 F 不是一条自然律。

波普尔进一步把这个想法当作他的科学方法论的基础。在波普尔看来,从事科学工作的正确方法不是去证实我们的理论,恰恰相反是要尝试着否证它们。

既已摆脱**确证**难题,波普尔认为归纳难题也随之解决,科学获得了坚固的逻辑基础。

波普尔的否证理论

如果一个理论在某个特定个例中被否证,那我们就可以通过一个非常类似于归谬法的演绎来拒斥它。

波普尔的理论与科学家们实际工作的方法是一致的。来看下面这个启发了牛顿物理学的例子……

假设牛顿物理学是真的,则我们就应该能够发现光以不同速度运动。

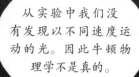

从实验中我们没有发现以不同速度运动的光。因此牛顿物理学不是真的。

当一个理论被拒斥时,对于那些能解释旧理论的一切结果,且能解释新经验数据的新理论而言,竞争开始了。如果我们最终得到的两个理论都能解释相同的数据,则我们应该选择更简洁的理论。

在一个理论被另一个解释更多事实的理论所替代的同时,科学也在不断发现着未知事物。

一旦我们确定了一个新的理论,新的否证之旅又将开始。

可行理论的概率

波普尔的否证或"证伪"理论取代了归纳在科学方法论中的核心地位。这意味着所有关于归纳的辩护的疑虑以及亨普尔关于证实的疑虑都可能被避免。

因为一个理论的职责正在于解释所有之前的观察结果并且做出之前的理论所不能做出的精确的预测,这意味着一个新理论必须能够解释得更多。随着科学的发展,它的理论离常识越来越远,变得越来越不可能成立。

> 一个解释五件事实的理论比解释十件事实的理论有更大的机会为真,这仅因为处理的事情越少,被证伪的机会就越少。

> 随着科学的进步,科学理论能够解释越来越多的事实,因此它的理论为真的可能性也就随之降低。

一时间，波普尔的想法赢得了大量的拥趸，直到**威拉德·冯·奥曼·蒯因**（1908—2000）在1951年发表了论文《经验主义的两个教条》。

波普尔的观点是一个实验结果能够证伪一个特定的科学理论。例如，水星运行轨道的观测结果否证了牛顿的万有引力定律。

> 当然，水星运行轨道能够否证牛顿的理论仅当**观察**是正确的……

> ……仅当我们的**光学规律**是正确的……

> ……仅当在水星和我们之间**没有未知的干扰**，等等等等。

> 所以呢？你想说啥？

> 所以并非只有**一个理论**在接受质疑，你有一堆有问题的预设。它们中的每一个原则上都可能被实验所否证。所以你怎么知道哪一个才是错的呢？

> 呃？？！！

蒯因的"信念之网"

在蒯因看来，我们无法从逻辑的角度说明为什么我们应当拒斥牛顿物理学而不是光学规律。当一系列陈述共同导致了一个矛盾，至少其中一个必然是错的，但是逻辑并不能告诉我们如何找出哪一个才是错的。说光学规律得到了不断检验是没用的，因为在逻辑上也有可能是我们的测量方式出现了问题

将这种想法推至极致，它想说的就是，每一次"证伪"潜在地威胁的不仅仅是被质问的理论，更是我们整个信念之网。

没有办法逻辑地得出是哪些信念导致了错误的结论。

蒯因的批判提出了如下问题：我们的信念"乡村景色很美"是如何对牛顿物理学的问题产生影响或相关性呢？

> 我们的所有的信念都彼此联系并形成一个整体，我称之为"**信念之网**"。

蒯因认为这个网络只从外部触及经验，但正是这个网络作为整体，与经验进行测定比较。

"网"的替代选择

网络中核心信念的改变，将会对整个网络产生影响，但是如果只是网络边缘区域的信念发生改变，则对网络其余区域的影响就小得多。如果我们的核心信念受到了挑战，例如圣保罗皈依了基督教，那么我们的信念之网将发生重大改变。

我的信念之网的大部分区域不得不再次调整。

但是黑天鹅在澳大利亚被发现却只会造成一个很小的改变。

蒯因主张："我们所谓的知识或信念的整体，从地理与法学最为偶然的事物到原子物理最为艰深的定律，甚至纯数学与逻辑，是一种人造织体，它只在边缘部分才触及经验……边缘区域与经验的冲突结果，也会重新调整信念之网的最核心部分。"

当任何我们自身的信念面临经验的证伪时,面临挑战的都是整个信念之网。在蒯因看来,我们会尝试着做出尽可能少的改变来适应新的经验,因此我们会尝试着改变信念之网的外围部分,而非硬核的部分。

> 我们选择拒斥牛顿力学而非其他理论,是因为我们发现这样做对整个信念之网而言变动最小。

$E=MC^2$

> 尽管如此,逻辑规律也是潜在可修正的。

不充分的证据

信念之网理论的结果是:科学是不充分的,即是说没有充足的证据在逻辑上保证了科学信念的真。这是因为为了得出任意陈述的真或假,我们需要一系列的隐藏条件来有效地描述我们的整个信念之网。正如蒯因极力强调的那样,整个信念之网只在外围接触到了经验。经验教给我们的东西很少,它的大部分是我们自己的信念构成的。

一条科学陈述被认为是真的,如果它能够解释我们的经验现象,与此同时它又在最小程度上改变了我们的信念之网整体。

如果我们有着一个非常不同的信念之网,例如亚里士多德的信念之网,那么对于以最小后果解释某个经验现象而言,完成这个任务的可能是完全不同的陈述。

即使是像这个世界中存在着哪些东西这样最基础的问题,也只能借助我们其他所有信念的总和来得到解答。

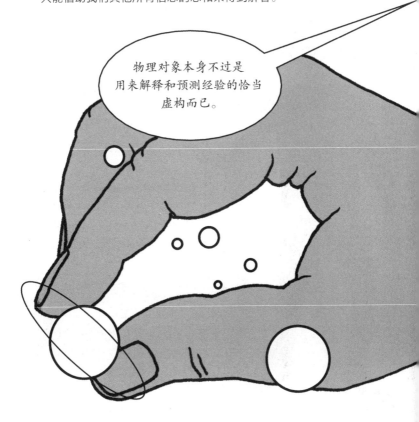

物理对象本身不过是用来解释和预测经验的恰当虚构而已。

"作为便捷的中间物,物理对象在理论上被引进到当下情景之中——不是通过经验的定义,而只是作为不可划归的预设;在知识论上,它们与《荷马史诗》中的诸神有一比。就我个人而言,作为物理学外行,我当然相信物理对象,而不是荷马诸神;并且我认为,相信其他对象在科学上是错误的。但从知识论的根本角度上看,物理对象与诸神之间没有种类上的区别,而只有程度上的区别。"

蒯因的相对主义

蒯因的观点使得一批人放弃了通过科学获得关于世界的客观真理的希望。随之兴起的便是科学的相对主义。

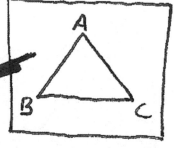

相对主义的共同特点在于,它认为科学理论的成功与客观真理之外的一个因素有关。

蒯因的想法挑战了在不同理论之间进行选择时的"简洁性"原则。是什么使得一个理论比另一个理论更简洁呢?哲学家们认为,在相互竞争的理论之间,我们做出选择所依据的是政治、经济收入,或者实际利益以及审美偏好等不同因素,而非简洁性。

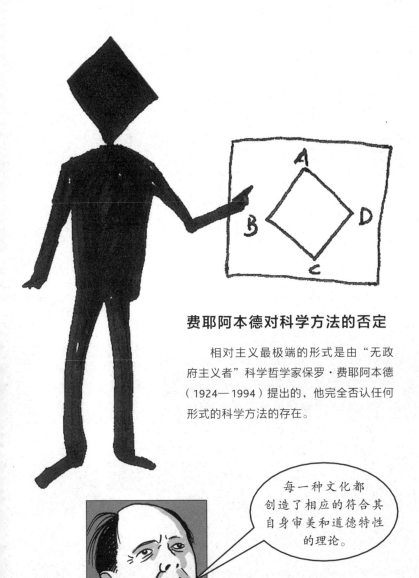

费耶阿本德对科学方法的否定

相对主义最极端的形式是由"无政府主义者"科学哲学家保罗·费耶阿本德（1924—1994）提出的，他完全否认任何形式的科学方法的存在。

> 每一种文化都创造了相应的符合其自身审美和道德特性的理论。

戴维森对蒯因的回应

唐纳德·戴维森对拒斥科学方法有着重要的怀疑。他一开始反对的是蒯因的观点，即逻辑在原则上是可修正的。

为了知道如何改变我们的信念之网，我们必须能够知道在做出一个可能的改变之后，信念之网接下来将会如何改变。

我们怎样才能够确定我们的改变不会和经验产生冲突呢？简单来说，我们必须有某种**证明理论**。

这意味着我们不仅无法避免使用某种逻辑，而且这种证明理论本身还不能是可修正的。因为如果我们能够改变证明的方法，那么我们就无法辨别哪种结果将会发生。因此，信念之网至少必须有着一个不可改变的内核。

真理的表征

戴维森对相对主义的抱怨有着更深层的意义。如果我们的网真的是所谓的"信念之网",那么我们必须假设它的目标是真理。相信**某事**和相信它为**真**是一样的。所有的网一定都有着共同的真理基础。

因此,真理并不是可变的网络的一部分,反而是它"坚硬的边缘"的一部分。

正因如此,所有的信念网络都能以真理为尺度进行比较。

戴维森将真理连同逻辑一起提升至坚固的基础上,这种做法并不会令人惊讶,因为逻辑研究的正是**真理的表征**。

硬边真理 vs 相对主义

戴维森接受蒯因认为科学是不确定的这个观点,但是他拒绝接受蒯因关于信念之网是整体可修正的这个想法。替代这一想法的是一种部分可修改的网络,它介于坚硬的逻辑核心和坚硬的真理边缘之间。真理提供了一个严格的基础,在此之上一个不断进步的结构得以建立。

> 受限于两者之间,没有空间使我们能够周顾事实来修正我们的信念。

> 戴维森告诉我们科学是一种不断接近真理的方法。然而,他既未提供一个接近真理的方法,也未给科学方法提供某种辩护。因此,他并未能够成功说服强硬的相对主义者。

认知科学与逻辑

逻辑不仅仅对科学方法有着重要意义,有些科学会明显地运用到逻辑,甚至希望整个就是逻辑的。这种动机来自于电脑。就像你能够自如地谈论电脑程序而不必知道背后的电子器件一样,认知科学同样希望在理解人类意识的同时不必理会大脑细胞系统的运作方式,对于后者我们知之甚少。

> 在电脑的例子中,我们之所以能够不必理会电子层面的运行,是因为我们将电脑设计为一个逻辑系统来运行。

> 认知科学的共同预设便是我们的心灵也正是一个类似的逻辑系统。

图灵是这一预设的一个重要支持者。它推动着图灵去不断尝试建立第一台数字电脑。认知科学的迅猛发展从很大程度上正得益于图灵机的成功和乔姆斯基语言学的兴起。

乔姆斯基的通用语法

诺曼·乔姆斯基(1928—)对语言学的兴趣是针对语言学习的中心问题。当时,人们认为儿童是通过模仿成年人来学习语言。实验表明,儿童能够创造语法上正确且他们从未听到过的句子。一个三岁的孩子会纠正一个成年人的语法,但从来不与他们争论事实。

> 限定词
> 形容词 名词 动词
> 名词短语

> 为了解释这一现象,我提出一定存在一种先天的"通用语法"。每个儿童一出生便具有了某些固化在他们大脑中的语法规则。

> 在学习语言的过程中,儿童不仅学习单词,还学习这些单词与已经存在的语法规则之间的关系。

在乔姆斯基看来,这个人类内置的通用语法足以用来创造所有的人类语言。所以所有的人类语言都基于同样的通用结构。通用语法包含着几个可能的结构来决定任意人类语言的语法。这些结构包括**词序**,该语言是否**有根据词性**划分的名词和**动词**,以及该语言如何组织**从句**。

名词和动词的范畴

我们的先天语法将词汇分为不同的系统范畴,儿童生来就有这些范畴。当他学习一门语言的词汇时,他同时也要学习某个单词应该归入哪个范畴。这些范畴,以及一些简单的语法规则,定义了词汇该如何被组织起来构成句子。两个最重要的范畴当属**名词**和**动词**了。

> 任何语言的一个句子都能被分为名词词组和动词词组。来看这个简单的句子:"猪飞起来。"它可能被分为如下部分……

```
         猪飞起来
             │
            句子
           ╱    ╲
      名词词组   动词词组
         │        │
        名词      动词
         │        │
        (猪)    (飞起来)
```

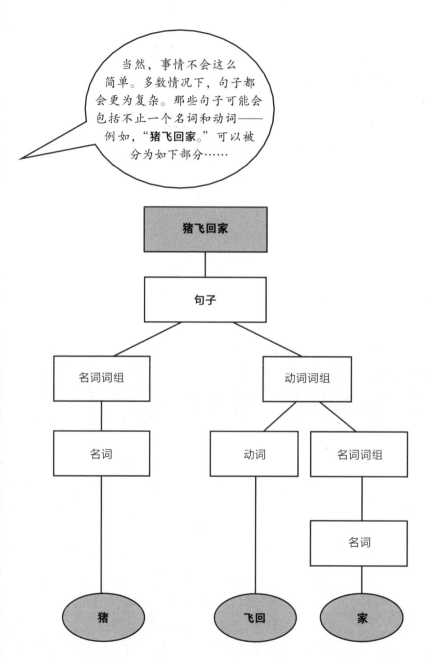

乔姆斯基必须解释一些可能由名词词组、动词词组以及其他句子组成的复杂句子，例如……

"约翰认为猪在飞。"

对这句话的分析就是这样……

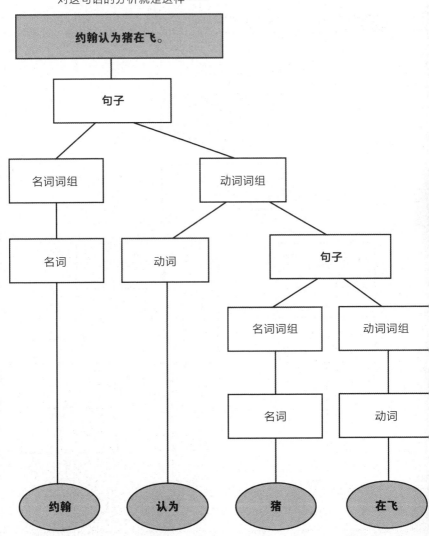

语法的递归规则

通用语法的构建原则是递归的。"递归"意味着对一个规则、定义或者达到后继结果的步骤的重复使用。乔姆斯基相信,这是唯一用来解释可能无限长的句子的方法。但这还不够。语言允许各种各样的语言构建法,其中许多的方法都需要新的结合规则。最终,乔姆斯基需要用来支撑他的理论的规则变得越来越多。

语法的通用规则

实际的句子(无限多)

虽然为了解释语言的多样性需要越来越多的规则,但是这些新的规则似乎都遵循着相同的基础递归方式。

通过识别这种基础递归模式,我们可以将全部规则还原为单个的,甚至更为抽象的语法。

X-bar 理论

乔姆斯基主张一组简单的递归规则就能够解释任何语法词组的生成。他给它起了个好玩的名字"x-bar"理论。

在 x-bar 理论中，x 和 y 代表不同的语法范畴。X-bar 和 y-bar 代表相对应的语法词组。它们组合的简单规则是 x-bar=x+y-bar。这是一个应用递归的简单公式。

让我们以词组"在角落里的钟"为例。

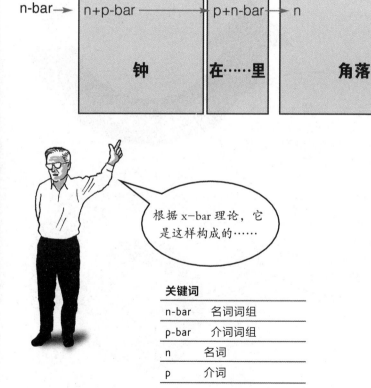

根据 x-bar 理论，它是这样构成的……

关键词

n-bar	名词词组
p-bar	介词词组
n	名词
p	介词

逻辑理论

乔姆斯基相信 x-bar 理论既能解释语言学习的过程,也能解释人们对他们的母语的直觉把握。如果再补充以恰当的词序机制以及转换规则,乔姆斯基认为 x-bar 理论足以解释任何给定语言的语法构造。

X-bar 理论是一个逻辑理论,因为它关心的是形式而非内容,关心的是一系列符号如何通过一些简单的规则的连续使用而被组织起来。

> 我相信,我们大脑中有着一套与生俱来的语言机制,它能够被描述为一种逻辑程序。

如果乔姆斯基是对的,那么我们对于自然语言的理解就归结为先天语法的计算。

受到这种观点的影响,一些卓越的哲学家已经宣称大脑在某种意义上不过是一台复杂的计算机,按照乔姆斯基的线路在处理着语言。

语法和语义的问题

乔姆斯基的语言学对于使用"模型—理论"方式来思考自然语言不太看重。乔姆斯基本人关心语法胜过语义,但同时也意识到,对像英语这样的语言而言,语法和语义无法完全分开。

乔姆斯基发现,为了解释为什么有些句子看起来语法完全正确却事实上毫无意义,他必须检视句子中每一个单词的语义。例如:

"我哭

> 这看来似乎是一个无辜的主语—动词—宾语结构的句子,但它明显是可笑的。

> 我们不能说这个句子的形式有语法错误,就像许多具有相同结构的句子事实上都完全没问题……

> ……例如:"我解雇了她。"

她。"

> 语法正确和语法不正确的句子之间的差异必然在于动词的**意义**。

> 出于这个原因,我引进了一些标准来描述词语的作用。

> 相比于名词词组与动词词组这个简单区分,这些标准更为详尽地规定了哪些词汇能够被组合在一起构成句子。

乔姆斯基提出了一些范畴,例如规定词汇是**主动**还是**被动**,是否蕴含**意向**,等等。这些规则规定了这些范畴的作用,并且构成了一个高度复杂的语义模型的一部分,这个模型仍然在不断地完善。

复杂的语法结构

乔姆斯基语言学在处理诸如英语和法语这种结构化语言的时候取得了初步的成功。但是也存在着一些方言——例如,伦敦同韵俚语和巴黎背俚——除此之外还有大量地方口音。乔姆斯基语言学渴望对它们都做出解释。为了实现这一点,它已经被迫逐步添加了许多层语法结构。

一个简单的分级看起来有点像这样……

深层语法
(x-bar 理论)

乔姆斯基层级的每一级都包含着大量的信息和自己的一套递归规则。这个结构同其他复杂结构一起运行，例如语言的**词汇**和单词**形态学**——关于单词自身的结构的研究。

所涉及的信息量是如此之大，以至于看起来是不可能的——人类没有进化出如此复杂的结构。这引发了一个问题，即新生儿的大脑是否有足够的空间或结构来储存全部此类信息。

"通用"语法的问题

当我们研究西欧语言以外的语言,例如斯拉夫语、犹太语和原住民语言时,通用语法的假设进一步动摇。在这些语言中,词序并不是非常重要的。虽然一些有意义的结构比其他结构更常见,但实际上很少是不合语法的。

一些实存的语言中缺少抽象名词，这证明了语言能够在没有抽象名词的情况下存在。随之而来的是，对于我们是否与生俱来全都有着对于抽象名词的内在把握，这个结论对之产生了挑战。

尽管如此，我们仍然需要解释我们在学习语言的时候所具有的速度和精确性。一个有限的公理集是解释这一切的好方法。

必须记住的是，生成语言学是一门相对新的科学，因此理论必须进化演变以便解决困难的情况，这并不奇怪。只是现在我们没有更好的解释。

符号化的大脑模型

被乔姆斯基语言学的成功所鼓舞,许多哲学家和心理学家都渴望像乔姆斯基尝试解释语言那样去解释所有人类的精神生活。他们将心灵设想为大脑中海量逻辑操作的结果。这个计划大致分为两个阵营,两个阵营各自采取了两种不同的逻辑系统。我们可以将它们视为两种模型:I型机器人和Y型机器人。

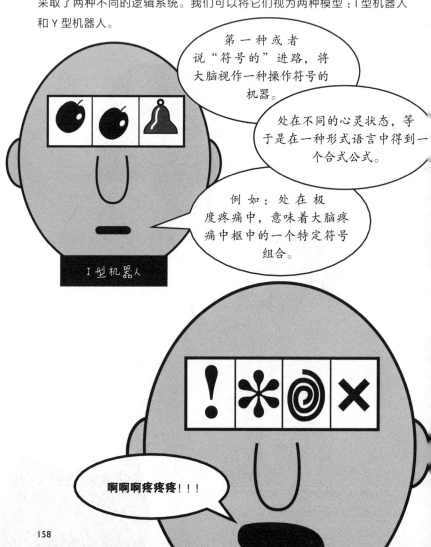

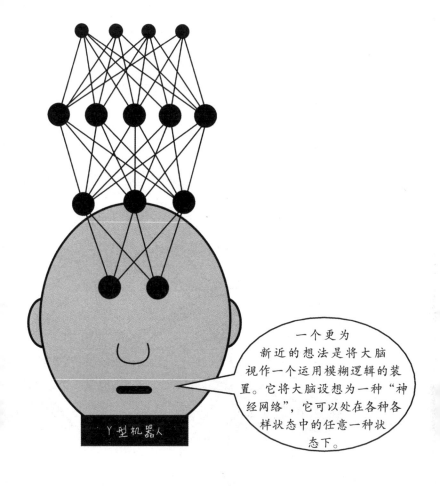

神经网由表现为脑细胞（神经元）的单位组成。像神经元一样，它们连接到多个输入和多个输出。神经网络的反应决定于所接收到的输入的整体效果。该网络中所进行的计算过程，与形式演绎之间没有相似之处。我们对这种行为建模的唯一方法是统计，同时我们对特定网络知之甚少。

一个简单的神经网络看起来是这样的……

训练一个神经网络

假设我们训练一个神经网络,使它能够从文本中正确地产生"口语"英语单词。输入信号是字母,输出信号是声音。"神经元"必须学会正确地联系两者。系统通过对不同的输入和输出附加不同层级的重要性来学习。这通过将每个神经结缔(由图中的线表示)乘以不同的数来完成。

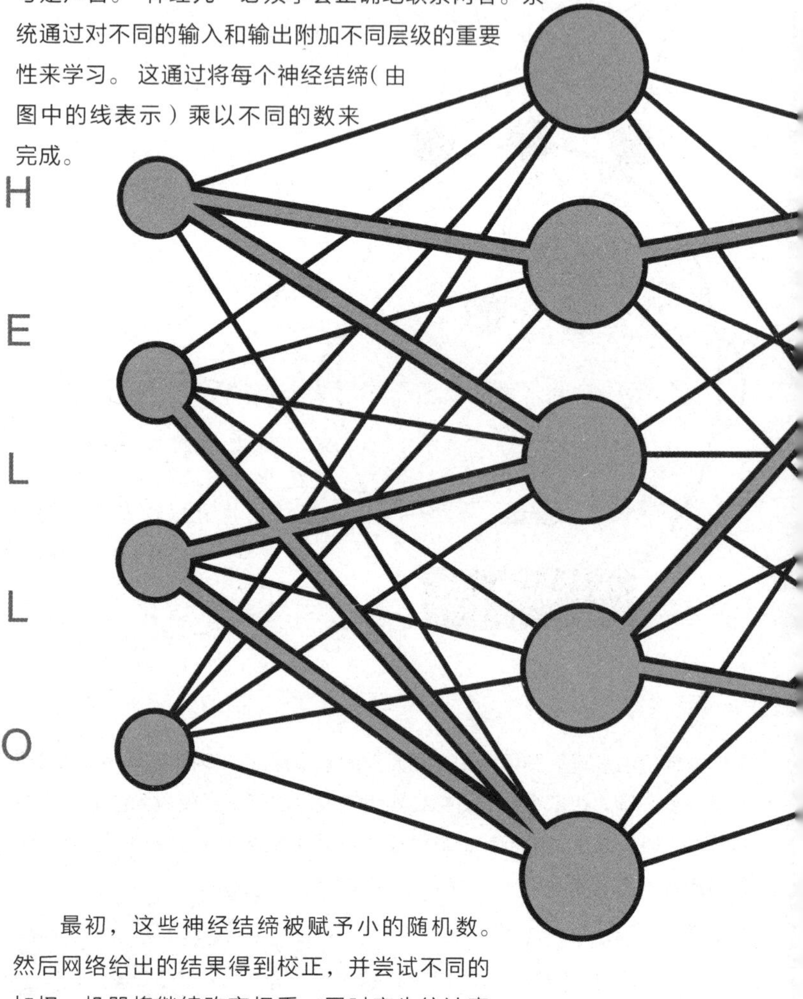

H

E

L

L

O

最初,这些神经结缔被赋予小的随机数。然后网络给出的结果得到校正,并尝试不同的加权。机器将继续改变权重,同时产生统计意义上的改进的结果。

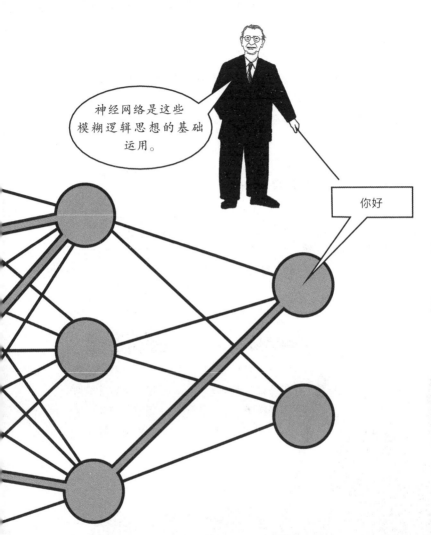

首先，网络与各种输出联结起来，并且存在着各种情况来激活它们。这与基于命题演算的自动售货机的行为形成对比，自动售货机每个状态只有一个输出。其次，不同神经结缔的不同权重在数值上等同于模糊逻辑的多个真值。

模式识别

与数字计算机相比,神经网络特别适用于**模式识别**。这使得它们擅长从文本中进行单词朗读,而传统计算机对此无能为力。用神经网络来识别一段音乐没有一点问题……

……但是它可能不会告诉你乐谱是啥。

一个数字计算机能够很容易地识别谱子,但却很难用它识别风格。

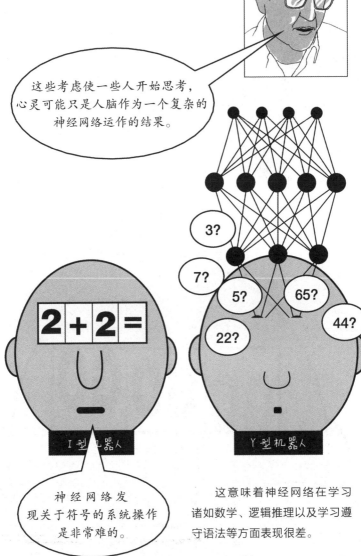

理性行为模型

关于心灵的主要假设是我们应该把它看作一个参与产生理性行为的模型。根据这个理论,有意识的心灵的一个主要特征就是基于理由进行思考。某些认知心理学家相信,建立在人类大脑中的理性行为模型使得这个理论成为可能。有的学者主张,我们通过这个模型来理解我们自己的心理行为和他人的行为。它是基于亚里士多德的实践三段论的概念……

我的逻辑三段论关注的是有效论证形式,它们得到的是有效的结论。

实践三段论得到的是行动的有效理由。

实践理性

在实践三段论中,第一个前提是一个关于欲望的陈述,例如:"我想吃东西。"

第二个前提是一个信念的陈述,例如:"在我的冰箱里有食物。"

这些前提共同导向了一个结论,这个结论是建议采取行动——"我应当走向冰箱"。

> 许多认知心理学家相信我们的心灵中拥有一幅关于世界的图景,其中包含着许多我们以之为真的事情。

许多人还认为我们心灵中包含某种"慎思机制",能够从需求中提取目标。这些目标随后与世界图景结合在一起给出行动原因。这被称为"信念/欲望"模型。

什么是意识?

虽然许多认知心理学家和心灵哲学家都持有这种"实践"观点,但仍然存在着许多未解决的争议。

> 这样的模型真的存在于大脑之中吗?

> 或者说它们是否只是一个更为复杂的机制的简化?

> 或者它只是一个无视大脑真正运作机制的、对人类行为进行建模的好方法?

无论有什么区别,事实仍然是,他们都认为大脑是一个遵循理性思维规则的机器。我们的有意识的生活是大脑中的电化学反应的结果,这些反应触动着一个非常复杂的逻辑操纵机器。无论这是否令人信服,人们正在为了破解人类意识的计算机程序而不懈努力。

逻辑的地位

逻辑在各种形式的人类探究中均占有一席之地。所有好的论证都应该是逻辑的，因此它们必须遵循逻辑规则，以证明结论是来自前提的。逻辑本身对任何事物都很少提出什么主张。它是一个工具，一种分析方法。

所以逻辑并不强行规定多数人的善要比少数人的善重要?

不，逻辑并不能做出这样的主张。但是它能够提供给你从特定前提得到该结论的方法。

逻辑可以在更多的地方得到运用。现代逻辑对句法规则的强调，允许我们从数字电子到分析语言都能够使用它。

维特根斯坦的观点转变

逻辑似乎是我们生活中不可割裂的一部分，但不是每个人都相信逻辑是如此重要。维特根斯坦在其后期思想中脱离了他年轻时所持有的对逻辑的信念。在与图灵的著名对话中，他谈论更多的是实践上的后果，而不是理论上的担忧。对逻辑作用的怀疑给他带来了新的哲学观。

维特根斯坦开始相信，对哲学而言重要的不是论证，而是让人们能够从一个新的视角去看待事物。

哲学工作，常常就像建筑工作那样，事实上更多的是一种自我修炼——它是对于自己的观念体系的提升，是对于自己看待事物的方式的改变。

如果有人相信他已经找到了解决"人生问题"的方案……那么为了驳倒自己，他只要记住：在某些时候这个"方案"并未被找到，但在那个时候人仍必须能够生活下去。

那正是在逻辑中同样发生的事情。

如果有了一个逻辑问题的"解决方案"，那么我们只需要回想一下是否有某个时候这些问题并没有被解决（但那时的人们仍然能够生活和思考）。

延伸阅读

Greek Logic 希腊逻辑学

Aristotle, "Prior Analytics", in J. Barnes(ed.), *The Complete Works of Aristotle*, Princeton University Press(1984). 亚里士多德对于逻辑学的最完善的描述。

Barnes, J. (ed.), *The Cambridge Companion to Aristotle*, Cambridge University Press (1995). 囊括关于亚里士多德哲学所有主题的论文,其中有 R. Smith 的一篇关于其逻辑学的优秀文章。

Gerson, L.P. and Inwood, B. (trans.), *Hellenistic Philosophy: Introductory Reading*, Hackett (1998). 包含了后亚里士多德哲学的各种文本的翻译,包括大量的斯多葛逻辑学的文献。

Logic and Maths 逻辑和数学

Frege, G., Begriffsschrift (1879). 全文翻译可在 J. van Heijenoort (ed.) 上找到。弗雷格对其形式装置的描述,它为其后的发展铺平了道路,但被它们所超越。

——*The Foundations of Arithmetic*, trans. J.L. Austin, Blackwell (1953). 一部备受赞誉的关于弗雷格对于数学本质及其语言哲学关键论述的观点的非形式的著作。

——*The Basic Laws of Arithmetic*, trans. M. Furth, University of California Press (1964).《概念文字》和《算术基础》的结合体。

Gödel, K., "On Formally Undecidable Propositions of *Principia Mathematica* and Related Systems", in Kurt Gödel:Collected Works, vol. 1, ed. S. Feferman, Oxford University Press (1990). 不完备性定理的发源地。如果不掌握大量的符号逻辑,读者几乎无法理解它。

van Heijenoort, J. (ed.), *From Frege to Gödel: A Source Book in Mathematical*

Logic, 1879–1931, Harvard University Press (1967). 这个非常有用的合集包含了弗雷格、希尔伯特、布劳威尔和哥德尔的重要作品。不适合初学者阅读。

Hilbert, D., "On the Infinite", in J. van Heijenoort (ed.). 对希尔伯特的数学基础观念进行了充分的阐述。

Kenny, A., Frege, *Penguin* (1995). 以一种浅显易懂的方式介绍了弗雷格的主要思想,它不需要预读其他书籍。

Nagel, E. and Newman, J.R., *Gödel's Proof*, Routledge (1959). 对同名证明进行了简短、清晰、简单的介绍。

Russell, B. and Whitehead, A.N., *Principia Mathematica* (1910—1913), second edition, Cambridge University Press (1994). 一部对算术基础进行形式解释的三卷本的巨著。

Russell, B., *Introduction to Mathematical Philosophy,* Allen and Unwin (1919), Routledge (1993) 进行了重印,并带有一个新导言。提供了一种对算术基础的较短和不那么形式的阐述。

Logic and Language 逻辑和语言

Carnap, R., "Intellectual Autobiography", in Paul A. Schlipp (ed.), *The Philosophy of Rudolf Carnap*, Open Court Publishing (1963). 卡尔纳普以一种相对易懂的方式描述了他自己的理智发展过程。

The Logical Syntax of Language, trans. Amethe Smeaton, Kegan Paul, Trench, Trubner & Co. (1937). 一本发展了卡尔纳普学说的大部头著作。

Chomsky, N., *Generative Grammar: Its Basis, Development and Prospects*, Kyoto University of Foreign Studies (1988). 关于生成语法系统的早期的简略描述。

Davidson, D., *Inquiries into Truth and Interpretation*, Oxford University Press (1984). 戴维森关于其语言观的论文集,包括"真理的意义"(1967)和"彻底解释"(1973)。

Heaton, J. and Groves, J., *Introducing Wittgenstein*, Icon Books (1999). 对于维特根斯坦前后期已发表观点的较好解释之一，尽管只是一个"简单"的提纲。

Maher, J. and Groves, J., *Introducing Chomsky*, Icon Books (1999). 一个易读的乔姆斯基思想概述。

Neale, S., *Descriptions*, MIT Press (1990). 对于罗素的摹状词理论的清晰阐述和辩护。

Russell, B., "On Denoting" (1905), reproduced in Logic and Knowledge: Essays 1901–1950, Allen and Unwin (1956). 阐述摹状词理论的经典文章。与罗素《数理哲学导论》的第16章大同小异。

Wittgenstein, L., *Tractatus Logico-Philosophicus*, Routledge. 存在两种译本：第一种是维特根斯坦本人所赞同的C.K.Ogden(1922年)的译本；第二种是广受欢迎的D.F.Pears和B.F.McGuiness (1961年)的译本。这是20世纪哲学中最难懂也是最受赞誉的书之一。图像理论和真值表起源于此。

——*Philosophical Investigations*, trans. G.E.M. Anscombe, Blackwell (1953). 精彩且发人深省地反驳了他之前和之后的许多理论，包括他前期的《逻辑哲学论》。

Logic and Science 逻辑与科学

Davidson, D., "On the Very Idea of a Conceptual Scheme" (1974), 重印于他的 *Inquiries into Truth and Interpretation*, 对于相对主义的一个有力攻击。

Hume, D., *A Treatise of Human Nature* (1739), ed. D.F. Norton and M.J. Norton, Oxford University Press (2000). 哲学的另一个里程碑，也是归纳怀疑主义的公认起源。

Kuhn, T.S., *The Structure of Scientific Revolutions* (1962), second edition, University of Chicago Press (1970). 相对主义的一个清晰的、论证充分的、写作上乘的例子。

Popper, K., *Objective Knowledge: An Evolutionary Approach*, Clarendon Press

(1972). 波普尔论证了对于科学需要归纳这种观念的反驳。

Quine, W.V.O., "Two Dogmas of Empiricism" (1951), 重印于他的 *From a Logical Point of View*, Harvard University Press (1953). 一篇经典论文，最后一部分简要介绍了信念之网。

Paradoxes 悖论

Sainsbury, M., *Paradoxes*, 第二版, Cambridge University Press (1995)。

Williamson, T., *Vagueness*, Routledge (1994). 整本书都是关于连锁推理的。

Textbooks 教科书

Larson, R. and Segal, G., *Knowledge of Meaning: An Introduction to Semantic Theory*, MIT Press (1995). 这是最接近于形式语义学理论教科书的文本，也像这类文本一样容易理解。

Machover, M., *Set Theory, Logic and Their Limitations*, Cambridge University Press (1996). 一本倍受赞誉的高阶教科书。

Tomassi, P., *Logic*, Routledge (1999). 市面上有着众多基础逻辑教科书，这是最好的教科书之一。

索引

爱利亚的芝诺（Zeno of Elea）65, 78-81
昂格尔，彼得（Unger, Peter）83

悖论（paradox）64–89
　哥德尔（Gödel）72
　连锁悖论（Sorites）82-86
　逆逻辑词（=heterologies）71
　模糊逻辑（fuzzy logic）88
　运动（movement）79-81
波普尔，卡尔（Popper, Karl）127-131
不完备性定理（Incompleteness Theorem）32, 72-77
布劳威尔，L.E.J.（Brouwer, L.E.J.）88-90

戴维森，D.（Davidson, D.）52, 57, 140–142
笛卡尔，勒内（Descartes, René）42–43, 112
递归模型（recursion）49
电脑（computers）58, 60-63, 76
堆垛悖论，见连锁悖论（Heap Paradox, see Sorites Paradox）82
对当方阵（square of oppositions）3-4

恩尼格玛密码（Enigma code, the）40

费耶阿本德，保罗（Feyerabend, Paul）139
分配律（distributive law）105
否证理论（disconfirmation theory）128–131
弗雷格，G.（Frege, G.）14, 34, 64, 66, 85
符号逻辑（symbolic logic）33

伽利略（Galileo）42, 110–112, 120
哥德尔，库尔特（Gödel, Kurt）31
　不完备性定理（Incompleteness Theorem）32, 72-77
　工具（organon, the）12
　公理（axioms）30, 41-45
　归谬法（reductio ad absurdum）10-11, 43-45, 93,128
　归纳法（induction）112-119
　规则式演绎（nomological deduction）116, 124, 127

亨普尔·卡尔（Hempel, Karl）124–126

集合论（set theory）18, 33, 67
假，见悖论（falsity, see paradox）34
经典逻辑（classical logic）90, 100
句子（sentences）2-4
　也见语法（see also grammar）
卡尔纳普，鲁道夫（Carnap, Rudolf）28-29
康托尔，乔治（Cantor, Georg）18
科学（science）127–138
　以及卡尔纳普（and Carnap）28
　以及逻辑（and logic）109
　以及相对主义（and relativism）138-142
"可能"的逻辑（possible logic）96
可行理论（viable theory）130

蒯因，威拉德（Quine, Willard）68, 131-142
宽容原则（tolerance principle）29

莱布尼茨，G.（Leibniz, G.）8-14, 42-44, 66
类型理论（theory of types, the）67
理性行为模型（rational behaviour model）164
连锁悖论（Sorites Paradox）82-86
联结词（connectives）6–7, 20, 34-36, 45
量词（quantifier）14, 18
量子（quantum）
　力学（mechanics）104
　逻辑（logic）105–108
卢卡西维奇，扬（Lukasiewicz, Jan）95–100
罗素，B.（Russell, B.）21-25, 45-47
　悖论（paradoxe）66–68
　哥德尔定理（Gödel's theorem）73
　罗素的系统（Russell's system）24-25
逻辑（logic）
　经典逻辑（classical）90, 100
　门（gates）38
　模糊逻辑（fuzzy）88–89, 100
　与科学（and science）109
　与认知科学（and cognitive science）143
逻辑的（logical）
　分析（analysis）28
　联结词（connectives）34–36
律
　矛盾律（of non-contradiction）98
　排中律（of excluded middle）43, 90-91, 93, ,100
　证明方法（of identity）43

矛盾（contradiction）3, 12, 22, 44
　也见悖论
密尔，约翰·斯图尔特（Mill, John Stuart）117-122
命题演算（Propositional Calculus）17, 46-47, 84
模糊逻辑（fuzzy logic）88–89, 100

逆逻辑词（heterologies）71
牛顿（Newton）111, 120, 128-129

培根，弗朗西斯（Bacon, Francis）112
普特南，希拉里（Putnam, Hilary）105, 107

乔姆斯基，诺曼（Chomsky, Noam）144–155

人工智能（artificial intelligence）60, 102–103

撒谎者悖论（liar paradox）65–70
三段论（syllogisms）4–9, 46, 164–165
神经网络（neural nets）103, 159-163
数理逻辑（mathematical logic）33
数学（mathematics）18, 109, 120–123
　不完备性（incompleteness of）72–77
　希尔伯特（Hilbert）30–32
　作为语言（as language）50
索里的克里西波斯（Chrysippus of Soli）6–7, 17

塔斯基，阿尔弗雷德（Tarski, Alfred）55-

57, 69-70
停机问题（halting problem）76
通用语法（universal grammar）144–156
图灵，阿兰（Turing, Alan）39-40, 62-63, 143

维特根斯坦，L.（Wittgenstein, L.）26, 35–36, 168-170
维也纳小组（Vienna Circle, the）28, 116
谓词演算（Predicate Calculus）47-48, 84, 89
谓语（predicate）2–3

希尔伯特，大卫（Hilbert, David）30–32, 49
希尔伯特空间（Hilbert Spaces）75, 104
相对主义（relativism）138-139, 141-142
信念，见信念之网（belief see web of belief）
信念之网（web of belief）132-141
形式主义（formalism）50
休谟，大卫（Hume, David）115–116, 119

亚里士多德（Aristotle）2–5, 43, 46 164
演绎法（deduction）112–119, 124
意识（consciousness）166
语法（grammar）23, 48，152
乔姆斯基（Chomsky）144-158
结构（structures）154–155
以及数学（and mathematics）45, 49-50
也见语言（see also language）
语境原则（context principle, the）16
语言（language）26-27, 52
乔姆斯基（Chomsky）144-158
语义学（semantics）48, 58, 152-153
元语言（metalanguage）69-70

哲学（philosophy）26, 33
真值（truth）
条件（conditions）56–57
作为数字的真值（values as numbers）97
也见悖论（see also paradox）
真值表（Truth Tables）38-40, 43
证明论（proof theory）30, 34 37, 49, 53-54，64
与语言（and language）54
直觉主义（intuitionism）90-94
直觉主义逻辑（intuitionistic logic）92
重言式（tautology）37
自指悖论（=self-referential paradox）65
作为神经网络的大脑（brain as neural net）158-161